강정마을 해군기지의
가짜 안보

강정마을 해군기지의 가짜 안보

초판 1쇄 인쇄 2012년 10월 5일
초판 1쇄 발행 2012년 10월 15일

지은이 정욱식

펴낸이 이영선
펴낸곳 서해문집
이 사 강영선
주 간 김선정
편집장 김문정
편 집 허 승 임경훈 김종훈 김경란 정지원
디자인 오성희 당승근 안희정
마케팅 김일신 이호석 이주리
관 리 박정래 손미경

출판등록 1989년 3월 16일 (제406-2005-000047호)
주 소 경기도 파주시 문발동 파주출판도시 498-7
전 화 (031)955-7470 | 팩스 (031)955-7469
홈페이지 www.booksea.co.kr | 이메일 shmj21@hanmail.net

ISBN 978-89-7483-539-2 03300

＊이 책의 인세와 수입금은 강정마을을 위한 후원금으로 쓰입니다.
 (강정마을 홈페이지 http://www.gangjeong.com)

강정마을 해군기지의

가짜 안보

유령의 위협과 흔들리는 국익

정욱식 지음

서해문집

차례

이 책을 강정마을 주민들과 평화지킴이들에게 바칩니다

해군기지와 제주도, 그리고 4·3

"아우님이 강정에 오면 내가 술을 사고, 내가 서울에 가면 아우님이 술을 사기로 하세."

"형님은 강정마을을 지키셔야 하니 가급적 서울에 오지 마세요. 하하."

강정마을 회장으로 5년 넘게 제주해군기지 반대 운동을 이끌어온 강동균 회장과는 첫만남부터 호형호제 하는 사이가 되었다. 2011년 6월 늦은 밤, 우리는 파도 소리를 음악 삼아 강정 포구에서 소주잔을 기울였다. '형님'으로부터 때로는 가슴 아픈, 때로는 희망에 부푼 얘기를 들을 수 있었다. 1,900명 정도 사는 작은 마을이 해군기지 문제로 갈기갈기 찢기면서 가족도, 친척도, 친구도, 이웃사촌도 등을 돌리고 말았다는 얘기에서 거대한 국가 폭력이 작은 마을 공동체의 평화를 어떻게 무너뜨리고 있는지 실감할 수 있었다.

"아우님, 자주 와줘. 지난 4년 동안 정말 힘들었는데, 요즘은 이길 수 있다는 확신을 갖게 되었어. 해군은 외지 사람을 '불순세력'이라고 하지만, 강정 사람들한테는 '혼자가 아니다'라는 생각을 갖게 해주는 아주 소중한 동지들이야. 사람들이 많이 찾아주고 또 주민들이 힘을 받고 이렇게 서로 힘을 모아가면 강정마을을 지킬 수 있지 않겠어?"

제주도는 마음의 빚이 있는 곳이다. 제주해군기지 문제가 본격적으로 불거졌던 2005년, 그때부터 난 해군기지가 들어서면 미군도 함께 쓸 수밖에 없고, 그렇게 되면 '평화의 섬' 제주는 '신냉전의 섬'으로 전락할 것이라고 주장했었다. 2006년까지 제주에서 여러 차례 강연도 했고, 생방송으로 중계된 '끝장토론'에 패널로 참석해 해군 측과 날 선 공방을 벌이기도 했다. 그러나 그러한 관심과 활동은 오래가지 못했다. 다른 일이 바쁘다는 핑계로 제주해군기지 문제는 나의 관심에서 점점 멀어져갔다.

그러나 2011년 4월 들어 생각이 달라지기 시작했다. 해군과 시공업체가 '4대강식 밀어붙이기 공사'를 강행하고 이에 맞선 현지 주민들과 활동가들이 목숨을 건 저항에 나서고 있다는 소식을 접하게 된 것이다. 제주해군기지 문제를 국가 안보의 맥락에서 비판하는 글 몇 편을 여러 매체에 기고하고선 6월 초 강정마을을 찾아갔다. 작은 마을 곳곳을 도배하다시피 내걸린 '찬반' 현수막, 간혹 지나가는 주민들끼리 눈도 마주치지 않는 모습, 길을 마주보고 있는 두 가게 주인들이 등을 돌린 모습들을 보면서 생각보다 심각하다는 것을 알 수 있었다. 그리고 '할 수 있는 일을 해보자'고 마음을 다잡아보았다.

그런데 제주해군기지 문제는 강정마을을 벗어나면 육지는 물론이고 제주도의 다른 지역에서도 그리 큰 관심을 못 끄는 사안으로 보였다. 한 택시 기사에게 그 이유를 물었다. "글쎄요. 제주도 사람들은 나라에서 하는 일을 반대하는 걸 꺼려하는 분위기가 있어요." 제주대 법학전문대학원의 신용인 교수의 설명은 핵심을 짚는 듯했다. "4·3의 기억이 크지 않겠어요?"

그렇다. 그건 트라우마였다. 미 군정과 이승만 정권의 국가 폭력에 의해 3만 명이 희생되고 그 이후로도 오랫동안 '빨갱이'라는 주홍글씨가 새겨진 채 살아야 했던 제주도민들이 국가 정책에 반기를 드는 것은 쉽지 않은 일이었다.

"특히 4·3을 경험한 노인들이 침묵해요. 평생을 강정에서 살아온 분들이, 누구보다 강정을 아끼는 분들이 4·3의 기억 때문에… 저는 이게 너무나도 가슴 아프고 노인들을 이용해 해군기지를 건설하려는 해군의 행패에 화가 납니다."

2011년 7월 초 다시 찾은 강정에서 만난 마을 주민의 말이다.

그렇다면 제주해군기지 사업은 국가 안보를 위해 반드시 필요한 일이고, 그래서 반대하면 국가 안보를 위태롭게 하는 것일까? 1,900여 명의 주민 가운데 단 87명의 주민들을 회유해 제주해군기지 건설 부지를 확정한 것에서도 알 수 있듯이, 강정마을 주민들의 동의와 합의를 구하는 최소한의 민주적 절차도 '국가 안보'라는 이름으로 지켜지지 않았다. 올레길 가운데 최고라는 제7코스가 통과하고, 국내 유일의 암반습지인 구럼비 바위 곳곳에는 붉은발말똥게와 맹꽁이 등 다양한 멸종 위기 생물들이 서식하고, 천연기념물인 연산호 군락이 인근 지역에 있는, 그래서 절대보존지역으로 지정되었던 이 강정마을을 파헤치면서 내세우고 있는 논리가 바로, '국가 안보'이다.

"정말 이게 국가를 위하고 안보를 위한 것이라면 저희들도 물러설 용의가 있습니다. 제주도민들도 대한민국 국민인데 왜 국가 안보를 마다하겠습니까? 그런데 제주해군기지가 정말 국가 안보에 도움이 되는지, 저희 주민들은 납득할 수 없습니다." 2011년 6월 23일 국회에서 열린 공청회에서 강동균 회장이 한 말이다.

정부와 군 당국은 "제주해군기지 사업은 국가 안보를 위해 반드시 추진되어야 하는 국책 사업"이라고 강조하지만, 나는 오래전부터 국가 안보와 국민 경제를 위해 철회되어야 할 것이 바로 제주해군기지 사업이라고 주장해왔다. 국회 공청회에서 기조 발제를 맡았던 나는 해군 측에게 물었다. "제주해군기지가 완공되면 미 해군도 기항지로 사용할 수 있지요?" 망설이던 해군 측은 "그렇습니다"라고 답하면서도 그것이 문제될 것이 없다는 반응을 보였다. 그러나 미국이 제주해군기지를 사용하게 되면 대한민국 안보와 경제에 치명적인 위험을 야기할 공산이 크다. 내가 해군기지 건설을 반대하는 근본적인 이유이다.

슬프고도 아름다운 역설

나는 2011년 6월 이후 한 달에 한 번꼴로 강정마을을 찾고 있다. 그 사이에 많은 변화가 있었다. 우선 '범죄 없는 마을'이라는 마을 입구의 표석이 무색해질 정도로 범죄자들이 넘쳐나고 있다. 구속·연행·벌금 등 과도한 공권력 행사로 수많은 마을 주민들과 평화지킴이들이 전과자가 되고 있는 것이었다. 제주 할망의 거대한 품처럼 사람들에게 휴식과 영성과 평화를 선사해주었던 구럼비 바위도 거대한 펜스에 둘러싸여버렸다. 그전까지는 큰 관심을 끌지 못했던 이곳에 많은 시민과 활동가, 전투경찰과 용역회사 직원, 내외신 기자, 정치인과 종교인, 외국 평화활동가, 여행객들이 오가면서 이제 강정마을은 국내뿐만 아니라 국제적으로도 유명한 마을이 되었다. 그러나 마을 주민들과 평화활동가들, 그리고 이들과 함께하고 있는 종교인들의 '비폭력적이고 평화적인 저항 의지'는 변함이 없었다.

2012년 9월 초, 제주도는 모순과 역설의 땅이었다. '환경 올림픽'으로 불리는 세계자연보호총회(WCC)가 열리던 제주컨벤션센터는 해군기지 건설 강행으로 천혜의 자연환경이 파괴되고 있는 강정마을에서 불과 7km 떨어진 곳이다. 제주도는 대한민국 정부가 지정한 '세계 평화의 섬'이다. 그런데 이 평화의 섬에 외국의 환경·평화활동가들 일부가 입국을 거부당하는 사태가 속출했다. 강정마을에 방문한 경험이 있거나 방문할 위험(!)이 있다는 이유 때문이다. 9월 초까지 확인된 입국 불허 사례만 하더라도 22건이었다. 이명박 정부가 내국인은 물론이고 외국 활동가들에 대해서도 광범위한 사찰을 자행하고 있다는 강력한 징후가 아닐 수 없다.

세계 평화의 섬 제주도에 평화활동가들이 오지 못하는 현실은 얼마나 지독한 역설인가. "강정마을에 가면 한국에 못 올 각오를 하라"는 말은 더 이상 엄포가 아니었다. 이는 평화의 섬에 해군기지 건설을 강행할 때부터 잉태된 것이다. 또한 국가 안보를 통해 소중하게 지켜져야 할 민주주의와 인권이 국가 안보의 이름으로 유린당하면서 이미 예고된 것이기도 하다.

이명박 정부는 해군기지 문제가 WCC에서 다뤄지는 것을 막기 위해 외국 활동가들의 입국을 불허하고 주최 단체인 세계자연보전연맹(IUCN) 약속한 행사장 내 강정 부스 설치를 외압을 가해 취소시켜버렸다. 이는 WCC 역사상 처음 있는 일이었다. 강정 주민들과 활동가들은 혼신의 힘을 다해 '명박산성'을 뚫고 강정의 진실을 WCC 참가자들에게 알렸다. 그 결과 제주해군기지 문제는 WCC의 가장 뜨거운 이슈가 되었다. 역설적으로 입국 거부와 부스 불허를 통해 이명박 정부가 강정 문제를 세계화하는 데 1등 공신(?)이 된 셈이다.

강정마을 주민들과 평화지킴이들이 연출하고 있는 가장 아름다운 역설은 슬픔과 분노의 땅을 열정과 즐거움으로 충만한 신명나는 놀이판으로 승화시키고 있는 모습이다. '웃고 놀면서 저항하자'는 정신이 마을 곳곳에서 묻어난다.

그래서 거듭 호소하고 싶다. 강정마을을 그대로 두는 것이 평화다. 해군기지와 평화의 섬이 양립할 수 있다는 아집에서 벗어나 내국인도, 외국인도 자유롭게 오가며 교류하고 함께 놀 수 있는 땅으로 두는 것이 바로 한국의 국익이자 우리가 국제사회에 기여할 수 있는 방법이다. 강정에 가보면 알 수 있다. '세계 평화는 강정에서부터'라는 구호가 이미 실현되고 있다는 것을.

'가짜 안보' 막아내고 '진짜 안보' 지켜내자

우리에게 국가 안보란 무엇일까? 아마도 대한민국의 민주적 질서와 가치, 국민의 생명과 재산, 영토와 영해와 영공을 지킨다는 의미일 게다. 그런데 국가 안보라는 미명 아래 민주적 절차와 인권의 가치가 유린되고 있다. 여러 국제인권단체가 우려를 표명하고 유엔 인권위원회가 한국 정부에게 질의서를 보낼 정도이다. 마을 주민들과 활동가들이 경찰과 용역업체 직원의 폭력에 시달리는 일이 부지기수이고 벌금 폭탄과 노동 손실로 인해 생계의 어려움을 토로하는 사람들도 많다. 대한민국 영토의 일부인, 그것도 세계적으로도 찾아보기 힘든 암반 습지를 대한민국 군대와 기업이 폭파하고 있다. 생물권보존구역인 범섬을, 운이 좋으면 고래도 볼 수 있는 강정 앞바다와 하늘을 포연과 흙먼지로 뒤덮으면서 지키려는 국가 안보는 누구를 위한 것일까?

혹자는 말한다. 강정마을 상황은 안타깝지만, 대한민국 전체의 안보를 위해서는 어쩔 수 없는 것 아니냐고. 그러나 바로 그 대한민국의 안보를 위해 제주해군기지 사업은 전면 재검토되어야 한다. 흔히 통상국가인 한국에게는 바다가 생명줄이라고 한다. 전적으로 동의한다. 그런데 대한민국이 건국 이래로 큰 바다로 나아가는 것을 가로막은 군사적 위협이 있었던가? 한국이 중국이나 일본에게 군사적 적대행위를 하지 않는 상태에서, 이들 나라가 우리나라의 해상교역을 군사적으로 위협할 것이라는 '우려'만으로 5년 넘게 서로 싸우고, 그 끝을 알 수 없는 사회적 비용을 감내하는 게 가치 있는 일인가?

나는 국가 안보를 위한다는 제주해군기지 사업이 이명박 정부 들어 '정권 안보용'으로 변질된 것이 합리적인 해결을 어렵게 하는 본질적인 이유라고 본다. 김대중 정부 말기에 해군기지 건설이 검토되었을 때, 가장 급진적인 주장을 편 당사자는 새누리당의 전신인 한나라당 제주도당이었다. 다음은 2002년 11월 12

일 한나라당 제주도당 논평의 일부이다. "화순항의 해군기지 계획은 필리핀과 오키나와 등지의 해군기지를 상실하게 될 미국이 동북아에 군사 거점을 확보하기 위한 군사 패권주의에서 비롯됐다. 미국의 군사 패권주의 실현에 제주도가 이용물이 될 수는 없다." 이랬던 새누리당이 제주해군기지 반대를 '종북·좌파'로 몰아붙이고 있다.

또한 노무현 정부 말기 해군기지 사업 결정의 절차적 문제가 제기되었을 때, 박근혜는 도민들의 공감대 형성이 우선되어야 한다고 주장했다. 그랬던 박근혜도 이제 와서는 "제주도를 하와이처럼 만들어야 한다"며 MB의 묻지마식 공사를 거들고 있다. '남이 하면 불륜이고, 내가 하면 로맨스'라는 식의 사고방식이 아닐 수 없다.

이명박 정부와 보수 언론도 '보수의 위기'를 탈피하기 위해 제주해군기지 문제를 악용했다는 혐의에서 자유로울 수 없다. 상당수 보수 언론은 2011년 7월부터 강정마을을 '종북·좌파의 해방구'로 부르면서 색깔론을 펼치기 시작했다. 이명박 정부는 공안대책회의까지 하면서 초강경 대응에 나섰다. 총선을 앞두고 새누리당은 물론이고 이명박 대통령까지 나서 야권의 정치인들을 맹비난했다. 해군기지 문제가 급격히 이념화·정치화되는 순간이었다.

'민군복합형 관광미항'이라는 이름을 달고 건설되고 있는 제주해군기지는 다양한 각도에서 그 문제점을 지적할 수 있다. 평화의 섬과 제주해군기지의 양립 가능성, 갈등의 씨앗이 되었던 절차적 문제, 입지 선정의 타당성, 찬반으로 갈라진 주민들의 갈등과 마을 공동체의 붕괴, 공권력 남용으로 인한 인권 침해, 환경 파괴, 국제사회에서 국가 이미지 실추, 국가 안보를 비롯한 국익의 득실 관계 등이 바로 그것들이다.[1]

나는 이 가운데 보수진영을 비롯한 해군기지 찬성론자들이 전가의 보도처럼 언급하고 있는 국가 안보와 국익의 문제에 초점을 맞췄다. 제주해군기지 사업이 국가 안보에도 국민경제에도 도움이 되기는커녕, 강정마을의 작은 안보를 파괴하고 대한민국 전체의 안보도 위태롭게 할 위험이 대단히 크다고 보기 때문이다. 해군기지 건설이 강행되어 한국 해군이 이어도 초계 활동에 나서거나, 미국이 제주해군기지를 사용할 경우 우리의 남방 해역을 포함한 국가 안보와 국민 경제가 총체적 위험에 빠질 수 있다. 미래의 불확실한 위협에 대비한다는 명분으로 건설되고 있는 사업이 불확실한 위협을 확실한 위협으로 만들 우려도 크다. 한국 해군기지 건설이라는 주권적 선택이 미중관계에서 한국의

---

[1] 이러한 문제점들을 지적한 자료는 야5당 제주해군기지 진상조사단, 제주해군기지 조사보고서, 2011년 8월 (http://www.peoplepower21.org/Peace/817543), 참여연대 홈페이지(http://www.peoplepower21.org/index.php?mid=Peace&category=846509), 강정마을 홈페이지(gangjeong.com) 등에서 볼 수 있다. 또한 단행본으로 출간된 《구럼비의 노래를 들어라》(오마이북, 2011년 10월), 《구럼비를 사랑한 별이의 노래》(단비, 2012년 8월), 《울지 마 구럼비 힘내요 강정》(나름북스, 2011년 10월) 등을 통해 강정마을의 생생한 목소리를 들을 수 있다.

딜레마를 가중시키는 비주권적 결과를 낳을 공산도 크다.

이 책이 나올 즈음, 강정마을 주민들과 평화지킴이를 비롯한 많은 사람들은 강정에서 서울까지 도보 대순례에 나서고 있을 것이다. '생명평화대행진: 우리가 하늘이다'라는 구호를 앞세워 해군기지, 쌍용자동차, 용산 참사 등 삶의 터전으로부터 쫓겨나고 차별당하고 억압받는 사람들, 붕괴되고 위협받는 공동체들, 파괴되는 자연을 직접 찾아가고 있을 것이다. 그리고 대선 후보들을 비롯한 정치인들과 국민들에게 호소할 것이다. 민심(民心)이 곧 천심(天心)이라고.

노무현, 이명박,
그리고 제주해군기지

노무현부터
이명박까지

———————

이명박 정부 초기 'ABR(Anyting But Roh)'이라는 말이 유행했다. ABR은 노무현 정부 때의 정책을 뭐든지 부정한다는 의미를 담고 있다. 그런데 유독 두 가지 문제만은 노무현의 것을 계승했다. 바로 한미자유무역협정(FTA)과 제주해군기지 문제가 그것들이다. 기실 한미 FTA는 미국식 신자유주의의 연장선상에 있고, 제주해군기지는 군비 증강을 통해 안보를 튼튼히 하고자 하는 의도를 담고 있기 때문에 '보수적 정책'에 가깝다고 할 수 있다.

안보에 대한 '진보 노무현'과 '보수 이명박'의 철학적 엇갈림은 흥미롭기까지 하다. 노무현 대통령은 취임 직후부터 자주국방의 필요성을 강조하면서 국방비 증액에 열성적이었다. 임기 5년간 국방비가 60% 가까이 늘어난 것이 이를 잘 보여준다. 여기에는 세 가지 생각이 깔려 있었다. 첫째는 미국에게 계속 안보를 의존하는 한, 대한민국의 주권을 제대로 행사할 수 없을 것이라는 판단이었다. 둘째는 북한의 위협에 대한 독자적인 억제력과 협상 능력을 확보하기 위해서는 전시작전통제권 환수를 비롯한 자주국방 역량 구축이 필수적이라는 것이었다. 셋째는 일본과 중국 등 주변국이 군비 증강을 하고 있는 상황에서 한국만 팔짱을 끼고 있을 수는 없다는 것이었다.

그러나 노무현의 자주국방 노선은 '동맹의 범위' 내에 갇혀 오히려 미국에게 역이용당한 측면이 강했다. 미국은 한국 방어의 주된 역할을 한국군에게 넘기고 주한미군은 중국 견제와 '테러와의 전쟁' 등 다른 역할을 하도록 했는데, 노무현의 자주국방은 이러한 미국의 전략적 의도와 딱 맞아떨어진 것이었기 때문이다. 한국의 군사비 증액으로 미국이 무기 수출을 크게 늘릴 수 있었던 것은 부수입에 해당됐다.[2] 아울러 남북한 사이에 더욱 벌어진 재래식 군사력은 북한에게 핵무장 개발 동기의 하나로 작용했다고 미국 정보기관은 분석한다.

반면 이명박 대통령은 한때 '보수적 군축'이라는 말이 나돌 정도로 군비 증강에 조심스러운 태도를 보였다. 국방비 증액률은 노무현 정부 때와 비교해 반토막이 났고, 공군 작전에 차질을 줄 수 있다는 이유로 노무현 정부 때 불허된 제2롯데월드 건설도 경제논리를 앞세워 용인해주었다. 특히 이명박은 2008년 8·15 경축사에서 '무장에 의존하는 평화는 불안한 것'이라며 남북한 상호군축을 제안하기까지 했다. 그의 연설 내용의 일

---

2 노무현 정부 시기 자주국방과 한미동맹의 문제점에 대해서는 《21세기 한미동맹은 어디로?》(정욱식, 한울, 2008년) 참조.

부이다.

"남북이 재래식 무기와 병력을 감축하면 막대한 예산과 비용을 줄일 수 있고, 이는 남북이 함께 경제를 일으키는 데도 큰 도움이 될 것입니다. 이제는 이런 문제들을 두고 남과 북이 만나서 대화해야 할 때입니다."

그러나 이명박의 상호군축론은 남북관계를 개선·발전시킬 수 있는 어떠한 정책으로도 뒷받침되지 못한 채 해프닝으로 끝나고 말았다. 그리고 2010년 천안함 침몰과 연평도 사태를 거치면서 이명박 정부 역시 군비 증강에 강한 드라이브를 걸었다.

제주도와 노무현, 그 애증의 관계

고(故) 노무현 전 대통령을 바라보는 제주의 시선은 애증이 엇갈린다. 노무현은 제주의 아픔을 치유하는 데 가장 앞장선 정치 지도자였다. 취임 초기부터 4·3 사건 진상 규명을 다짐했던 노무현은 취임 8개월 만인 2003년 10월, '제주 4·3사건 진상조사보고서'를 확정했고, 대통령으로서 국가를 대표해 제주도민과 유족에게 공식 사과했다. 또한 국가원수로는 처음으로 2006년 4월 3일 제58주기 4·3위령제에 직접 참석해 희생자를 추모하고 유가

족과 도민들을 위로했다. 이에 앞선 2005년 1월 19일에는 4·3의 화해와 상생의 정신을 계승하고 제주를 세계 평화의 전진기지로 만들어야 한다면서 제주를 '세계 평화의 섬'으로 선포했다.

이러한 행보가 제주의 아픔을 치유하는 길이었다면, 또 하나의 행보는 제주의 분열과 갈등을 잉태시키고 있었다. 바로 제주해군기지 건설 추진이었다. 노무현은 2002년 대선 후보 시절 제주해군기지와 관련해 "도민이 반대하면 백지화한 상태에서 재검토하겠다"고 밝힌 바 있다. 그러나 2007년 6월 22일 제주도를 방문한 자리에서 이렇게 말했다. "평화의 섬에 왜 군사기지가 있느냐고 하는 분들이 있는데 비무장 평화는 미래의 이상이고 무장 없이 평화를 지킬 수 없다. (중략) 바다에서 크고 작은 갈등이 발생할 우려가 있고, 이럴 가능성을 줄이는 예방적 군사기지라고 볼 수 있으며, 제주도를 지키기 위해서도 필요하다"고 하면서 "세계에서 가장 아름다운 항구로 만들어나가겠다. 주민들에게 친근한 관광명소가 되도록 노력하겠다"고 덧붙였다.

말한 사람의 이름만 밝히지 않았다면, 이명박이나 박근혜와 구분하기 힘들 정도의 내용이었다. 실제로 이명박 대선 예비후보는 노무현보다 3주 앞선 5월 31일 제주도를 방문해 해군기지 건설은 "전적으로 도민들이 판단해야 할 문제"라면서도 이렇게 덧붙였다. "'평화의 섬에 해군기지가 왜 있어?' 하는 식으로 생각하면 문제가 복잡해진다. 해군기지는 전쟁을 하기 위한 게 아니라 평화를 지키기 위한 것이라고 해석하면 '평화의 섬'에 어울린다."

이미 노무현으로 상징되는 '진보'와 이명박으로 상징되는 '보수'의 안보관은 '힘에 의한 평화'에 수렴되어 있었다는 것을 알 수 있다. 이는 오늘날에도 제주해군기지 문제에 대한 합리적인 해결을 어렵게 하는 근본적인 요인이다. 새누리당은 말할 것도 없고 민주통합당의 전반적인 기류 역시 해군기지의 안보적 가치를 인정한다는 것으로 모아지고 있기 때문이다.

더구나 오늘날 민주통합당은 민주적 절차를 지키지 않은 이명박 정부를 강하게 비판하고 있지만, 적어도 절차적 문제의 원죄는 노무현 정부에게 있었다. 1900여 명의 마을 주민 가운데 불과 87명이 모여 표결도 없이 박수로 해군기지 유치를 결정한 시점은 참여정부 때인 2007년 4월 26일이었다. 이와 관련해 문재인 당시 대통령 비서실장은 이렇게 해명했다. "당시에는 강정마을 주민들도 대다수가 동의했다는 제주도 측의 보고가 있었고, 그 보고를 보고 결정했다." 그러면서 "그 동의에 참여한 주민들 수가 극히 일부에 불과했고, 보다 다수의 주민들이 동의하지 않는다는 사실이 그 후에 드러났다. 그렇다면 그때부터라도 다시 주민들과 제대로 대화·설득하는 절차가 필요했다. 그 과정을 거치지 않고 계속 밀어붙인 것은 잘못이었다"고 말했다.[3] 해군기지 건설이 국책 사업이었고, 주민들의 찬반 논란이 2002년부터 있었으며, 부안 방폐장 논란으로 이미 절차적 중요성을 알고 있었음에도 불구하고 노무현 정부가 이를 제대로 관리하지 못했던 것이다.

그렇다면 노무현 정부는 왜 제주해군기지를 건설하려고 했을까? 당시 동북아시대위원회 위원장으로 있었던 제주 출신의 문정인 연세대 교수의 설명은 이렇다.

"노 대통령이 제주기지 건설을 결정한 데에는 자주국방에 대한 강력한 의지가 깔려 있었다. 당시 대통령의 주된 관심사는 미 해군력의 지원 없이도 12해리 영해와 200해리 배타적 경제수역(EEZ), 영해 기준선으로부터 350해리에 걸쳐 있는 대륙붕에서 우리의 해양 주권과 국익을 보호할 수 있는지 여부였다. 이에 대해 국방부는 제주에 해군기동전단을 전진 배치하지 못하면 남방 먼 바다에서의 우발적인 해상 충돌에 효과적으로 대응할 수 없다는 의견을 냈다. 따라서 제주기지 건설 결정은 미국과 공조해 중국을 견제하기 위한 것이 아니라 미 해군의 영향력이 감소했을 때를 대비한 자주국방 차원의 예방조치였다고 할 수 있다."[4]

다음 글들에서 자세히 다루겠지만, 이러한 설명은 설득력이 떨어진다. 우선 미 해군의 영향력은 감소하고 있는 것이 아니

---

3 제주의 소리(www.jejusori.net), 2011년 9월 29일.
4 문정인, 제주 해군기지 건설 진실찾기, 《중앙일보》, 2011년 8월 22일.

라 증강하고 있다. 또한 "미국과 공조해 중국을 견제하기 위한 것이 아니라"는 취지는 이해할 수 있지만, 제주해군기지 사용 권한은 한국의 주권 '밖'에, 미국의 선택 '안'에 있다. 아울러 노무현 정부 당시 가장 큰 명분 가운데 하나였던 말라카 해협의 해적 활동은 사실상 사라졌다.

이명박–새누리당,
정치적으로 이용하다

노무현 정부 때 '힘에 의한 평화론'이 제주해군기지 문제의 갈등의 씨앗을 뿌렸다면, 이명박 정부 때에는 해군기지 문제를 정치적으로 이용한 것이 갈등을 증폭시킨 결정적 이유였다고 할 수 있다. 이와 관련해 이명박 정부 대통령실장을 지낸 임태희의 지적을 음미할 필요가 있다. 그는 새누리당 대선 예비 후보로 있었던 2012년 7월 26일 제주를 방문한 자리에서 "해군기지 문제는 정치적인 문제가 개입되면서 더 풀기 어렵게 된 것으로 생각된다"며 "정당한 주장을 종북좌파로 규정하는 것에 대해 강정 주민들이 상처를 받고 있다"고 지적했다. 그러면서 탈정치화가 제주해군기지 문제 해결의 전제조건이라고 강조했다.

기실 제주해군기지와 강정마을의 문제는 2011년 봄까지는 전국적인 관심사가 아니었고, 이명박 정부도 이렇다 할 관심이 없었다. 이는 2010년 천안함 침몰과 연평도 포격전을 거치면서 제주해군기지 건설 추진의 명분이 되었던 '대양 해군'이 정부와 국방부의 정책 방향에서 사라진 것에서도 알 수 있다. '연안도 못 지키면서 무슨 대양 해군이냐'는 비판이 정부 안팎에서 쏟아졌기 때문이다.[5] 또한 제주해군기지 문제를 평화적이면서도 합리적으로 풀 수 있다는 희망이 보였었다. 제주도정과 도의회가 머리를 맞대고 해법을 모색하기 시작했고, 국회에서도 예산 편성시 국회가 내걸었던 부대조건이 제대로 지켜지고 있는지 조사하기로 했다. 강정마을 주민들도 주민투표를 통해 찬성 주민이 단 한 사람이라도 더 많이 나오면 반대 운동을 접겠다고 했다.

그러나 강정의 아픔과 연대하기 위해 많은 사람들이 강정마을을 찾자 보수 진영은 이를 정치적으로 이용하기 시작했다. 2011년 여름 들어 〈조선〉〈중앙〉〈동아〉 등 보수 언론들은 강정마을을 '종북·좌파의 해방구'라고 부르면서 색깔론을 펴기 시작했다. 그러자 새누리당 내에서도 해군기지를 반대하는 사람들을 보고 '김정일의 꼭두각시'니 '국가 안보를 위태롭게 하는 사람

---

5 한편 대양 해군론은 2012년 2월 22일 이명박 대통령이 취임 4주년 기자회견에서 제주해군기지 건설 필요성을 강력히 주장하면서 부활했다. 김관진 국방부 장관은 이명박의 기자회견 2일 후 해군사관학교 졸업식에 보낸 축사에서 "영해의 수호자인 해군의 일원으로, 미래 대양 해군 시대를 이끌어 갈 주역으로 힘차게 항해해달라"고 당부했다.

들'이라니 하는 험한 말들이 쏟아져 나왔다. 이명박 정부는 공안 대책회의까지 열어 범정부적 대응에 나섰다. 육지에서 전투경찰까지 파견해 도주나 증거 인멸 우려가 없는 마을회장과 핵심적인 활동가들까지 잡아들였다. 공사 부지를 펜스로 둘러싸 주민들의 출입을 차단했고, 사업 부지에서 유물이 나왔음에도 '묻지마 공사'는 계속됐다.

이처럼 이명박 정부가 대통령부터 경찰에 이르기까지 전방위적으로 제주해군기지 반대 진영과 야권을 압박하고 나선 데에는 선거를 앞둔 정치적 계산이 깔려 있었다고 볼 수 있다. 이명박은 2012년 2월 22일 취임 4주년 기자회견에서 한명숙 당시 민주통합당 대표, 이해찬 전 총리, 유시민 당시 통합진보당 공동 대표의 입장 변화에 대해 "선거철이 돼 전략적으로 할 수 있지만 매우 안타깝다"며 맹공을 퍼부었다. 대통령이 기자회견에서 야당 인사들의 실명과 발언을 일일이 거론하면서 정치적 공세를 편 것 자체가 대단히 이례적인 일이었다. 어쨌든 이날 기지회견은 '닥치고 공사' 강행의 신호탄이자 제주해군기지 문제를 정치적·이념적 대결 소재로 전락시킨 결정적 계기가 되고 말았다.

그러나 무리하면 실수하기 마련이다. MB는 사실관계까지 왜곡하면서 노무현 정부와의 차별성을 부각시키려고 했다. 2012년 3월 9일 중앙부처 국장·과장과의 대화에서 노무현 정부 때 해군기지 건설을 결정한 것은 '옳은 판단'이라며, 그때 찬성했던 인사들이 반대하고 나서니깐 '황당하다'고 말했다. 그런데 야권 인사들을 비난하기 위해 참여정부를 칭찬만 하는 것이 멋쩍었을까? 청와대 홈페이지에 따르면, MB는 이렇게 덧붙였다.

"거기다 민항까지 하자 해서 크루즈인가 15만 톤 그걸 두 척을 동시에 댈 수 있도록 하는 계획을 세웠다고 하더라고. 근데 그 계획 자체는 잘못된 거다. 지구상에 현재 15만 톤 이상이 6척인가 있다고 한다. 그런데 아시아에는 와본 일도 없다. 그게 갑자기 2대가 동시에 들어올 일이 생기겠나. 15만 톤급이 올 일도 없는데 제주도에 그것도 동시에 두 대가 와서 틀 수 있도록 하자고 하는데… 그런데 그걸(해군기지를) 하기 위해 약속을 했을 것이다. 나는 약속을 했으니 지켜주자는 것이다. (15만 톤급 두 척이) 들어올 일이 없겠지만 그래도 3만 톤, 5만 톤짜리도 들어와서 막 틀도록 하자, 그렇게라도 생각해야 마음이 편한 것이다. 그래서 약속을 지켜야 된다고 하는 것이다."

이 발언의 요지는 이렇다. 노무현 정부가 제주도민을 설득하기 위해 15만 톤 규모의 크루즈 선박 2척을 동시에 계류시킬 수 있는 민군 복합항으로 만들어주겠다고 약속했는데, 이는 잘못된 계획이었다. 그러나 노무현 정부가 약속한 것이니, 이명박 정부는 3만 톤, 5만 톤 규모의 크루즈 선박이라도 들어올 수 있는 민군 복합항을 만들어주겠다는 것이다. 그런데 이 발언 속에는 몇 가지 중대한 문제가 있다. 우선 15만 톤 규모 크루즈 선박

2척을 동시에 계류할 수 있는 '민군복합 관광미항'은 노무현 정부 때가 아니라 이명박 정부 때인 2008년 9월에 결정된 것이다. 이명박 정부 때 결정한 이 방안이 비현실적이라는 점이 드러나자, MB는 그 책임을 전임 정부에게 떠넘기면서 규모가 작은 크루즈 선박이라도 입출입이 가능한 항구를 지어주었다고 선심 쓰듯 말하고 있는 것이다.

대통령과 총리실 사이에 '엇박자'도 나고 말았다. 국무총리실은 MB의 기자회견 직후인 2월 29일 국가정책조정회의를 열어 해군기지 건설 강행 입장을 천명하면서 이렇게 주장했다. "2007년 지난 정부에서 지역 주민 및 제주도의 건의를 받아들여 해군기지로 추진되어 오던 중, 현 정부 들어 2008년 9월 제주해군기지를 민과 군이 함께 공존하는 민군복합형 관광미항으로 건설하기로 최종 결정했다."

노무현 정부 때 해군기지로 추진되던 사업을 이명박 정부에서 민군 복합항으로 바꿨다는 의미다. 그러나 이는 진실이 아니다. 노무현 정부 재임 당시인 2007년 12월에 국회는 관련 예산을 승인하면서 '민항 위주에 해군 기항지'라는 부대조건을 달았다. 그런데 이명박 정부는 2008년 9월 국가정책조정회의를 통해 15만 톤급 크루즈 선박 2척이 동시에 정박할 수 있는 '민군복합형 관광 미항'을 짓겠다고 발표했다.

그러나 위의 표에서도 알 수 있듯이 군항과 민항의 예산 차

구분	계	민·복합형 관광미항	
		서귀포 크루즈항	제주해군기지
제주해군기지 사업개요 출처: 야5당 제주해군기지 진상조사단 보고(2011년 8월)			
위치		서귀포시 대천동 강정마을	
기간	8년	2007년~2011년	
면적	53만m2 (16.1만 평)	4만m2(1.2만 평)	49만m2(14.9만 평) −매입: 29만m2(8.7만 평) −매립: 20만m2(6.2만 평)
사업비	1조 304억 원	534억 원	9770억 원
주관부처		국토해양부	해군본부
내용		· 터미널 시설 · 합상공원 조성 · 15만 톤급 크루즈 2척 계류	· 함정 계류부두 2,400m · 외곽 방파제 2,500m · 대형 함정 20여 척 계류

이는 18배, 사업 부지는 12배 차이가 난다. 이 사업은 철저하게 해군기지 위주로 진행된 것이다. 그러고는 제주도와 국방부·국토해양부가 2009년 4월 27일을 기본협약서(MOU)를 체결하면서 제목이 다른 두 가지 문서에 서명했다. 제주도민에게 홍보한 것은 '민군복합형 관광미항'이었고, 정부가 보관한 것은 '제주해군기지(민군복합형 관광미항)'였다. 제주해군기지를 명시할 경우 제주도민들의 부정적인 여론을 의식해 꼼수를 부린 것이다. 또한 공사를 강행할 때에는 15만 톤 크루즈 2척의 동시 계류가 가능해

엄청난 경제 효과가 있는 것처럼 말했다가, 시뮬레이션 결과 여러 가지 문제점이 드러나자 "그렇게 큰 배가 올 리가 없다"며 발뺌하고 있다.

주목할 것은 또 있다. MB는 2012년 3월 12일 언론사 간부들과의 대화에서 "제주기지는 북한을 대응하기 위해 하는 것이 아니다"라고 말했다. 그런데 이 역시 국방부가 지금까지 국민들에게 설명한 것과 다르다. 군 당국은 지금까지 제주해군기지 건설 필요성을 주장하면서 그 목적 가운데 하나를 '북한 위협 대처용'이라고 강조해왔다. 국방부의 홍보자료에도 제주해군기지는 "북한 및 주변국 위협에 동시에 대응"할 수 있고, "북 잠수함(정)과 특수전부대의 동서해 우회 침투" 대응 등 북한 위협 대처가 중요한 목적이라고 나와 있다.

Part.
2

2012 대선과 제주해군기지

박근혜의
경우

'독재자의 딸'. 새누리당의 대선 후보인 박근혜 의원에게 꼬리표처럼 따라다니는 말이다. 박근혜 의원을 '독재자의 딸'이라는 프레임에 가둬두면 안 된다는 지적도 있지만, 그가 유력 대선 후보로 부상한 배경에는 박정희의 후광이 짙게 드리워져 있는 것만은 틀림없다. 더구나 그는 헌정 질서를 유린한 5·16 쿠데타와 '사법 살인'으로 불리는 인혁당 재판 사건을 미화하거나 부정하는 태도를 보여 스스로 논란을 증폭시키고 있다.

박근혜가 차기 대통령에 가장 근접한 인물인 만큼, 그가 어떤 철학과 비전과 정책을 갖고 있는지 국민들은 당연히 알아야 한다. 경제와 복지가 가장 중요한 대선 의제가 될 것이지만, 통일외교안보 분야 역시 차기 대통령의 가장 중요한 검증 대상이다. 파탄 난 남북관계, 핵보유국 지위를 노리는 북한, 미국과 중국이 협력과 경쟁을 반복하고 있는 G2 시대에 한국이 나아가야 할 길, 그리고 군사협정 추진에서 독도 갈등으로 널뛰기를 한 한일관계에 이르기까지 2013년 청와대의 새 주인이 다뤄야 할 사안들은 넘쳐나고 또 중대하다.

이 가운데 빼놓을 수 없는 것이 바로 제주해군기지 문제이다. 강정마을에 건설 강행되고 있는 해군기지에는 민주주의에서부터 환경과 개발, 민군(民軍) 관계, 한국의 전략적 위치와 선택에 이르기까지 검토하고 토론해야 할 문제가 한두 가지가 아니기 때문이다. 더구나 이명박 정부가 국민과 국회 몰래 미국 주도의 미사일방어체제(MD) 및 한-미-일 삼각동맹에 편입해온 것이 분명해진 상황에서, 제주해군기지 사업 필요성을 전면 재검토해야 할 사유는 더욱 커졌다.

박근혜의 제주해군기지 관련 발언의 키워드는 '노무현' '안보' '하와이'로 압축된다. 4·11 총선을 앞두고 '노무현'을 자주 언급한 이유는 "왜 이제 와서 말을 바꾸느냐"며 야권의 입장 변화를 공격하기 위한 것이었다. 해군기지가 국가 안보를 위해 반드시 필요하다는 말도 즐겨 했다. 이러한 발언 가운데 시선이 멈춘 부분은 바로 '하와이'였다. 그는 2012년 3월 30일 새누리당의 제주 지역 합동 연설에서 "제주도를 세계적인 관광지이면서 해군기지로 유명한 하와이같이 만들어야 한다"고 했고, 이후에도 여러 차례에 걸쳐 제주도를 하와이처럼 만들면 경제와 안보라는 두 마리 토끼를 잡는 "새로운 성장동력이 될 것"이라고 주장했다.

이를 두고 하와이의 여러 활동가들은 "박 의원의 발언은 하와이 현실을 모르고 하는 소리"라며 강하게 비판한 바 있다. 실제로 하와이는 해군기지가 들어서면서 미국에서도 특히 물가가 높은 지역 가운데 하나가 됐고, 또 해군기지로 인한 환경오염도 심각하다. 무엇보다도 많은 주민들이 삶의 터전을 빼앗겼고 이 가운데 일부는 지금도 기지폐쇄 운동을 벌이고 있다. 하와이를 점령한 미국은 그곳에 태평양 사령부를 창설했고, 그때부터 하와이는 미국의 아시아-태평양 전략의 중심지로 기능해왔다. 하지만 1941년 12월 일본군의 공습을 받아, 미국이 태평양 전쟁에 참전하게 된 계기가 되기도 했다.

박근혜의 '하와이' 발언을 새삼 소개한 이유는 그의 발언에서 아버지 박정희의 향기가 느껴졌기 때문이다. 박정희 정권은 일본의 오키나와 반환 요구로 곤궁에 처한 미국에게 대안으로 제주도 미군기지를 제안했다. 1970년 2월 주한 미국대사 윌리엄 포터가 미 상원 청문회에서 밝힌 박정희와의 대화 내용을 재구성해보면 아래와 같다.[b]

> **포터:** 당신은 미국이 오키나와에서 포기해야 할 것들을 대체하기 위해 남한에 새로운 해군과 공군기지를 건설할 것을 제안하는 것인가요?

---

b 이는 《20세기의 문명과 야만》(이삼성, 한길사) 289쪽의 내용을 재인용해 구성한 것이다.

박정희 : 이 점에 관한 한 우리의 입장은 명백합니다. 오키나와가 어떻게 되든 우리는 제주도를 기꺼이 새로운 미군 기지로 제공할 것입니다.

포 터 : 만일 미국이 오키나와에서 핵무기를 옮겨다 놓으면 남한은 미국의 핵무기 전진기지가 될 텐데요.

박정희 : 만일 제주도가 미국의 군사기지로 이용된다면 핵무기를 설치하는 것은 불가피할 수도 있습니다.

포 터 : 한국 국민이 이를 환영할까요?

박정희 : 환영하지는 않겠지만, 허용할 것입니다.

당시 박정희의 발언은 태평양 전쟁 당시 절멸의 위기를 겪었고 또한 4·3 항쟁 때 미 군정의 방조로 수만 명이 목숨을 잃은 제주도민의 정서는 전혀 아랑곳하지 않은 것이었다. 또한 반대 여론쯤이야 손쉽게 진압할 수 있다는 독재자의 면모도 거듭 확인된다. 그러나 미국은 이미 한국에 수백 개의 핵무기를 배치한 상황이었기 때문에, 제주도에 추가적인 핵 기지를 건설하지 않았다.

그런데 40여 년이 지난 오늘날, 박근혜는 "제주도를 하와이로 만들어야 한다"며 제주도민, 특히 강정마을 주민들의 가슴에 대못질을 하고 있다. 물론 제주해군기지는 한국군 기지이다. 그러나 미군도 사용하고 싶으면 사용할 수 있다는 것이 냉엄한 현실이다. 미국의 핵무기는 아니더라도 핵추진 잠수함과 항공모함, 그리고 MD 기능을 장착한 이지스함이 들락날락할 것이라는 점은 어렵지 않게 예상할 수 있다. 이럴 경우 중국의 강력한 반발을 야기해 한국 국익에 치명적인 위험을 수반하게 될 것이라는 점도 결코 간과해서는 안 된다. 무엇보다도 박근혜가 민주화된 대한민국에서 반대 여론에 아랑곳하지 않고 '국가 안보'를 이유로 밀어붙이기식 사업 강행 의지를 내비치고 있는 모습에서 독재자 박정희의 그림자가 어른거린다.

박근혜의 대선 슬로건은 '내 꿈이 이루어지는 나라'이다. '내'가 박근혜 개인이 아니라 대한민국 국민 전체를 의미한다면, 여기에는 마땅히 강정마을 주민들 및 이들과 연대하고 있는 수많은 국민들의 꿈도 포함되어야 한다. 국가 안보와 이들의 꿈을 조화롭게 발전시켜야 할 책임이 바로 정치 지도자들에게 있다. 그리고 그 출발점은 대화와 소통에 있다. 박근혜 역시 2007년 6월 1일 제주를 방문했을 때 "지금 해군기지 문제로 첨예한 갈등이 있는 것으로 안다. 무엇보다 도민들의 의견을 수렴하고 하나의 공감대를 형성한 후 추진해야 한다"고 말한 바 있다.

그로부터 5년이 지난 2012년, '도민 의견 수렴'이 우선이라고 했던 박근혜는 4·11 총선을 앞두고는 민주통합당을 향해 "제주해군기지 건설을 당리당략에 이용하는 행태는 즉각 중단해야 한다"며 맹공을 퍼부었다. 3월 12일 국회에서 열린 비상대책위원회 회의에서는 "노무현 정부 당시에 국익과 안보를 위해서 꼭 필요한 일이라고 자신들이 앞장서서 주장했던, 그리고 추진했던 제주해군기지 건설을 이제 와서 당리당략 때문에 반대한다는 것은 너무나 무책임한 일"이라고 주장했다. 같은 날 중앙선거관리위원회 주최로 열린 '제19대 총선 정책선거 실천협약식'에 참석해서는 "선거만 끝나면 약속을 잊어버리고 여당일 때와 야당일 때 입장이 바뀌는 불신의 정치를 이제 끝내야 한다"고 말했다. 한미 FTA와 제주해군기지에 대한 민주통합당의 입장을 '말 바꾸기'로 공격하면서 차별성을 부각시키려는 의도에서 나온 것이었다.

그런데 박근혜 위원장이 이런 말을 할 자격이 있을까? 그가 5년 전에 주문한 '하나의 공감대'는 이미 나왔었다. 구럼비 발파가 임박했던 2012년 3월 5일 제주도청, 제주도 의회, 새누리당 제주도당, 민주통합당 제주도당은 한목소리로 제주해군기지 공사 중단을 요청했다. 도정과 의회, 여와 야를 막론하고 한목소리로 일단 공사를 중단하고 합리적인 해법을 찾아보자고 요구한 것을 뛰어넘는 '하나의 공감대'란 있을 수 없다. 박근혜가 정치인으로서 일관성과 신뢰를 그토록 중시한다면, 이 목소리에 귀를 기울여야 했다. 또한 2011년 12월 제주해군기지 공사가 당초 취지에 벗어났다는 이유를 들어 여야가 예산을 사실상 전액 삭감했을 때, 한나라당(새누리당) 비상대책위원장은 박근혜였다.

문재인과 안철수의
경우

———————————

"해군기지는 국가 안보를 위해 필요하다고 생각한다. 그래서 참여정부 때 추진됐던 것이다. 그런데 이명박 정부 들어 원래 추진했던 모양과는 많이 달라져버렸다. 지난 2007년 국회에서 예산안을 처리하면서도 '민군복합형 기항지'로 위상이 설정됐었다. 이는 민항이 중심이고, 군항은 모항이 아니라 필요할 때 임시 기항하는 형태였다. 하지만 이명박 정부 들어 말은 민군복합항이라고 하지만 군항 중심으로 추진되고 있다. 사업의 성격 자체가 변질이 됐다. 제주도민, 강정 주민들의 동의를 얻는 민주적 절차 없이 일방적으로 강행됐기 때문에 일단 공사를 중단하고, 재검토해야 한다."

민주통합당 대선 후보인 문재인 상임고문이 예비 후보 시절이었던 2012년 7월 16일 제주도를 방문해 밝힌 제주해군기지에 대한 입장이다. 그는 제주해군기지 전면 백지화나 부지 이전과 관련해서도 "제주도민들이 합의해서 제시한다면 적극적으로 검토할 수는 있다고 본다"고도 했다. 그는 이보다 앞선 2011년 9월 29일에는 "제주해군기지는 참여정부 당시 결정된 것이지만 결과적으로는 첫 단추가 잘못 채워진 책임도 있다"고 말한 뒤, "그 점에 대해 송구스런 심정"이라며 사과의 뜻을 밝혔었다.

"김영삼 정부부터 김대중, 노무현, 이명박 정부에 이르기까지 서로 관점이 다른 4개의 정부가 판단하고 같은 결론을 내렸다. 일반인이 접근하기 어려운 국가 안보 관련 정보와 자료들을 근거로 고도의 정책적 판단을 내렸을 텐데, 대외정책에 있어서 각자 다른 색깔을 취해온 정부들이 모두 해군기지가 필요하다고 같은 결론에 도달했다면, 다른 정보가 없는 상황에서는 그 판단을 받아들이는 게 옳다고 생각한다."

범야권 지지율 1위를 달리고 있는 안철수 서울대 융합과학기술대학원장 2012년 7월 19일 출간된 대담집 《안철수의 생각》에서 밝힌 내용이다. 그는 다만 "강정마을의 경우 설명도, 동의를 구하는 절차도 부족했고 대다수 주민들을 소외시킨 채 기지건설을 강행해서 문제가 커졌다"며 사업 추진 과정에 대해서는 강하게 비판했다.

두 사람이 공유하고 있는 생각은 제주해군기지의 필요성에 대해서는 대체로 찬성하면서도 절차적으로는 심각한 결함이 있다는 것으로 요약할 수 있다. 다만 문재인 후보는 '공사 중지 및 재검토'를 문제 해결 방안으로 제시해, 이렇다 할 해결 방안을 제시하지 않은 안철수 원장보다 진일보한 모습을 보인 것으로 평가할 수 있다.

또한 "각자 다른 색깔을 취해온 (4개) 정부들이 모두 해군기지가 필요하다고 같은 결론에 도달했다면, 다른 정보가 없는 상황에서는 그 판단을 받아들이는게 옳다"는 안철수 원장의 생각은 사실관계에 대한 정확한 이해가 결여되어 있다. 제주해군기지 사업이 김영삼 정부 때부터 '검토'되었던 것은 사실이지만, 이는 '결정'과는 엄연히 다르다. 1993년 합동참모회의에서 신규 소요가 결정되어 1995년에는 1997~2001년 국방중기계획에 반영되었지만, 이는 어디까지나 군 당국이 정부에 요청한 것에 불과했다.

국방중기계획에는 수많은 사업이 포함되지만 정부의 정책 결정과 국회의 예산 심의 과정에서 배제되는 사업도 많다. 제주해군기지 사업도 김대중 정부 말기였던 2002년 12월에 유보 결정이 나왔었다. 군의 요청과 정부의 유보가 반복되었던 이 사업이 정부 차원에서 공식 결정된 시기는 참여정부 말기인 2006~7년이었다. 안타깝게도 안철수는 이러한 기초적인 사실관계조차 파악하지 않았다. 그러면서 4개 정부가 제주해군기지와 관련해 "어려운 국가 안보 관련 정보와 자료들을 근거로 고도의 정책적 판단"을 내린 것으로 단정하고 이를 받아들여야 한다고 주장하고 말았다. 이는 안철수 스스로 강조해온 '책임'과도 거리가 먼 것이다. 더구나 안철수 측이 강정마을 주민과 접촉하는 등의 성의를 조금만 기울였다면 '다른 정보'도 얼마든지 구할 수 있었다.

제주해군기지 문제가 첨예한 정치적·정책적 이슈로 부상하고 있지만, 박근혜, 문재인, 안철수 등 대선 후보군이 공유하고 있는 생각은 있다. 바로 '해군기지가 국가 안보를 위해 필요하다'는 것이다. 그런데 국가 안보를 위해 왜 필요하고 어떻게 도움이 되는지에 대해서는 설명이 없다. 이처럼 국가 안보를 위해 제주해군기지가 필요하다는 고정관념에서 벗어나지 못하면, 대안 마련은 요원해진다. '안보 프레임'을 앞세운 여권의 공세에 적절히 대응하기도 어려워지고, 정권교체에 성공하더라도 문제의 끝이 아니라 또 다른 시작이 될 수도 있다. 민주통합당이 강조하고 있는 민군복합항은 가능하지도, 타당하지도 않다는 것은 이미 입증됐다. 사정이 이렇다면, 문재인과 안철수는 '제주해군기지가 국가 안보를 위해 필요하다'는 대전제부터 재검토해야 한다. 절차적 문제뿐만 아니라 국익의 관점에서 득실관계를 냉정히 따져볼 수 있는 소통의 정치를 펼쳐야 한다.

미래 정부와
제주해군기지

현재 일정대로 2015년에 제주해군기지가 건설될 경우, 이 기지를 어떻게 운용할 것인가의 문제는 미래 정부의 몫이다. 이명박 정권 같은 '친미·친일' 정권이 집권하면 제주해군기지의 전략적 위험성은 대단히 커질 것이다. 그럼 이보다 자주적인 정권이 집권하면 제주해군기지의 위험성은 사라지게 될까? 그 위험성이 일부 줄어들 가능성은 있지만, 근본적인 문제는 거의 그대로 남을 공산이 크다.

위험성을 줄일 수 있는 부분은 한국이 주권을 행사할 수 있는 범위 내에 있다. 가령 이명박 정부는 '이어도-독도 함대'를 창설해 제주해군기지를 모항으로 사용하고, 이어도에 대한 해군 초계 활동도 한다는 계획이다. 이런 계획대로 한다면, 중국의 군사적 맞대응을 야기해 이어도 인근 수역은 분쟁 지역이 되고 한국의 국익에도 치명적인 위험을 불러올 수 있다. 그런데 제주해군기지를 건설해 이어도에 대한 초계 활동을 할 것인가의 여부는 한국의 선택에 달려 있다. 만약 미래의 정부가 해군 함정 투입이 한중관계에 미칠 위험성을 간파해 군사적 접근을 자제하고 외교적 해법에 무게를 둔다면, 위에서 언급한 우려는 기우로 끝날 수 있다.

문제는 한국의 주권 '밖'에 존재하는 제주해군기지의 위험성은 정권의 성격과 관계없이 남아 있을 수밖에 없다는 것이다.

그것은 크게 세 가지 이유 때문이다. 첫째는 한미동맹의 법적·제도적 측면이다. 다음 글들에서 자세히 설명하겠지만, SOFA 규정에 따라 미국은 '적절한 통고'를 하면 "대한민국의 어떠한 항구 또는 비행장에도 입항료 또는 착륙료를 부담하지 아니하고" 출입할 수 있다. 이에 따라 미국이 제주해군기지를 이용할 것인가의 여부는 한국의 주권이 아니라 미국의 선택에 달려 있다.

둘째는 한미동맹의 변화 추세이다. 미국이 한미동맹을 중국을 겨냥한 지역동맹으로 재편하려는 시도는 1990년대부터 존재했고, 2001년 부시 정부 들어 본격화됐다. 노무현-부시 정부는 많은 논란에도 불구하고 용산기지와 2사단을 평택권으로 이전하는 데 합의했고, 주한미군의 전략적 유연성에도 합의했다. 그리고 이러한 지역동맹화는 한미 전략동맹을 추진한 이명박 정부 들어 가속화되어 오늘날에는 한-미-일 삼각동맹의 맹아까지 나오고 있는 실정이다. 한미동맹이 이처럼 미국의 동아시아 전략에 깊숙이 포섭되고 있고, 그 핵심적인 양상이 해상 미사일방어체제(MD) 체제인 이지스탄도미사일방어체제(ABMD) 구축 및 해양 안보(maritime security) 확보에 있다는 점에서 동아시아의 전략적 요충지에 건설 중인 제주해군기지가 미국과 무관해지는 것은 갈수록 어려워질 가능성이 높다.

상대적으로 자주적이고 균형적인 외교를 지향하는 정부가 등장하면 이러한 추세를 되돌릴 수 있지 않느냐는 반론이 나올 수 있다. 그러나 한미동맹의 지역동맹화가 김대중 정부 때 시작되어 노무현 정부 때 본격화되었다는 사례를 간과해서는 안 된다. 또한 미국의 대중국 봉쇄 전략은 민주당과 공화당의 초당적 합의에 바탕을 둔 것이라는 점에서 미국이 이러한 전략을 대폭

수정할 가능성도 극히 낮다. 중국 내에서 급격한 국력 신장에 바탕을 둔 민족주의 경향이 강해지고 미국에 대한 불신이 커지고 있는 점도 주목된다.

군비경쟁의 양상을 보더라도 미중관계가 패권경쟁에서 협력으로 대전환할 가능성이 낮다는 것을 알 수 있다. 오히려 제주해군기지 완공이 예정된 2015년 이후에 패권경쟁이 더욱 가속화될 우려가 크다. 이 시기를 전후해 미국은 중국을 겨냥한 최신예 핵항모인 '제럴드 포드호(USS Ford)'를 실전 배치할 예정이다. 중국도 첫 항모인 '랴오닝(遼寧)호'를 2012년 9월 정식 취역시킨데 이어, 2020년까지 4~6척의 항공모함을 건조할 것으로 보인다. 또한 미국은 이지스함을 추가로 건조하고 있는데, 2015~2020년 사이에 아시아-태평양 지역이 집중 배치한다는 계획이다. 미중 간에 동아시아 패권경쟁이 완화될 가능성보다 격화될 우려가 크다는 것을 예고해주는 대목들이 아닐 수 없다.

셋째는 아무리 자주적인 정부라고 하더라도 한미동맹에 문제가 생기는 것을 원하지 않을 것이라는 점이다. 미국과의 마찰이 심해지면 크게 두 가지 현실적인 문제가 발생한다. 하나는 한국 정부가 미국으로부터 해코지를 당하지 않을까 걱정하게 된다는 것이다. 이라크 파병에서부터 주한미군 재배치에 이르기까지 미국의 요구를 대부분 수용한 노무현 정부의 대미정책을 '공미형(恐美形) 친미주의'라고 부를 수 있었던 까닭이다. 또 하나는

한미동맹은 국내 정치적으로 대단히 민감한 사안이기 때문에 한
미관계 악화는 보수진영의 정치 공세를 야기하고 이는 정권에
게 엄청난 부담으로 작용한다는 것이다. 이러한 경향은 노무현
정부 때 여실히 드러난 바 있다. 일본 민주당의 하토야마 정권이
대등한 미일동맹을 주창하면서 미국에 도전했다가 단명 정권으
로 막을 내린 것 역시 시사하는 바가 크다.

엄연한 주권 국가이자 세계 10위권의 국력을 보유한 대한
민국의 현실에 대해 위와 같이 지적하면 기분은 나쁠 수 있다.
그러나 이는 한미관계와 이에 종속된 국내 정치의 냉엄한 현실
이다. 강대국과의 동맹관계는 안보를 보장받는 대신에 정책 자
율성, 즉 일부 주권의 양보를 골자로 하기 때문이다. '내가 대통
령이 되면 다를 것'이라는 호기를 부리기에 앞서 한미관계의 정
확한 본질을 깨달아야 할 이유이기도 하다.

제주해군기지의 미국 이용 문제를 한국의 주권 영역으로
끌어들이기 위해서는 SOFA 및 그 모법인 한미상호방위조약을
전면 개정해야 한다. 개정의 핵심 골자는 미국 군사력의 유출입
과 관련해 '사전 동의'를 명시하는 것이다. 그러나 우리는 여중
생 사망 사건 이후 SOFA 규정 하나를 바꾸는 것도 너무나 힘들
다는 것을 뼈저리게 경험해왔다. 또한 미국은 자국 군사력 운용
에 타국이 간섭하는 것을 극도로 꺼려한다. 노무현 정부가 미일
동맹처럼 '사전 협의'를 추진했다가 실패했던 사례도 있다. 한국

이 한미동맹의 파기까지 각오하지 않는 한, '사전 동의'를 추구하기란 불가능에 가깝다는 의미이다.

결론적으로 제주해군기지의 위험성은 정권의 성격이나 변화와 관계없이 존재할 공산이 크다. 그 위험성의 핵심은 미국이 해군기지를 사용하고자 하는데 한국이 반대하면 한미관계에 큰 문제가 발생할 것이고, 거꾸로 미국이 사용하게 되면 한중관계에 일대 파란이 일어날 수 있다는 것이다. 제주해군기지 건설이라는 주권적 선택이 가장 비주권적인 결과를 초래할 수 있다는 의미이다.

그런데 여기에서 중요한 것이 있다. 제주해군기지 건설 '여부'는 우리가 자주적으로 결정할 수 있는 사안이라는 점이다. 그리고 제주해군기지 건설에 따른 한국의 전략적 위험을 원천적으로 차단하면서 남방 해역의 안보를 튼튼히 할 수 있는 방법도 있다. 문재인과 안철수 등 야권의 유력한 대선 후보들이 절차적인 문제는 인식하면서도 '제주해군기지의 필요성에는 동감한다'는 취지의 발언을 내놓는 것에 있어 보다 신중할 필요가 있는 것이다.

Part.
3

'유령'의 위협

해적이
사라졌다!

———————

노무현 정부 당시 제주해군기지를 추진할 때 내세운 최대 명분은 우리의 해상교통로(SLOC: Sea Lines of Communication) 보호였다. 2005년 제주해군기지 건설을 본격 추진했을 때, 해군 측은 "제주도 남쪽 해상로는 원유 수입량의 90%이상, 수출 물동량의 60%가 지나가는 수송로"라며 "제주 남쪽에서 인도네시아 말라카 해협으로 이어지는, 원유와 수출입 물자 등의 해상 수송로를 보호하는 최남쪽 전초기지로서 화순항 건설은 절대적으로 필요하다"고 말했다. 당시 참여정부는 화순항을 해군기지 건설의 1차 후보지로 정했으나 주민들의 반발로 무산된 바 있다.

2007년 5월 제주 강정마을을 해군기지 부지로 결정할 때에도 흡사한 논리를 제시했다. "우리나라가 도입하는 원유의 99.8%, 곡물 100%, 원자재의 100%가 운송되지만 수시로 해적의 위협에 노출돼 있는 말라카 해협 등에서 비상사태가 발생할 경우 지원 함정을 긴급 투입할 수 있는 지리적 이점을 고려했다"는 것이다. 특히 "말라카 해협이 15일 이상 봉쇄될 경우 우리 국가 경제가 마비된다는 점을 감안하면 제주해군기지를 거점으로 한 해군의 안정적인 해상교통로 확보는 국가 생존을 위해서도 필수적인 것"이라고 주장했다.

이러한 노무현 정부의 판단에 대해 이명박 대통령은 "옳은 판단을 했었다"고 높이 평가했다. 이 대통령은 2012년 3월 9일 중앙부처 국장·과장과의 대화에서 "우리가 소말리아에 배가 1년에 500척 드나드는 것을 보호하기 위해 함정이 가 있는 것 아닌가"라며, 이렇게 강조했다.

"제주해협에서 약 50만 척이 움직이는데 세계 각국의 배가 움직인다. 중국도, 일본도. 그럼 그걸 무방비 상태로 있느냐. 진해기지, 평택기지에서 가려면 전속도로 가도 8시간이 걸린다. 그동안 해상에서 무슨 일이 벌어질지 모르는데 어떻게 될 것인가. 그런 고민을 그 당시 한 거 같다. 그래서 굉장히 (노무현 정부가) 옳은 판단을 했다고 하는 거다."

그런데 여기서 주목할 점이 있다. 해군기지 건설의 최대 명분 중 하나였던 말라카 해협 해적 퇴치가 이미 이뤄졌다는 것이다. 인도양과 태평양을 연결하는 말라카 해협은 세계 해상무역의 중심지로 일컬어진다. 실제로 세계 무역량의 40%와 세계 원유 수송량의 3분의 1을 차지하고 있다.[7] 또한 해협의 최소 폭이

---

7 Peter Gwin, "Dangerous Straits," National Geographic, October 2007.

2.7km에 불과하고 주변에 많은 섬들이 있어 해적 근거지로는 최상의 조건을 갖고 있었다. 이를 반영하듯 2004년 해적의 조직적 공격은 38건에 달했고, 2005년 영국의 보험사들은 이 해협을 사실상의 전시 지역으로 분류하기도 했다. 노무현 정부는 이러한 지정학적 중요성과 해적의 위협이 공존하는 말라카 해협에서의 해양 수송로 보호를 제주해군기지 건설의 최대 명분으로 내세웠던 것이다.

그런데 2007년부터 말라카 해협의 해적 활동은 눈에 띠게 줄어들기 시작했고 2010년 이후에는 사실상 사라졌다. 국토해양부가 2011년 11월 1일 발표한 자료에 따르면, 말라카 해협에서의 해적 피해는 2007년 4건, 2008년과 2009년 2건, 2010년 1건, 그리고 2011년 9월까지는 1건도 없었던 것으로 나와 있다. 이들 수치는 모든 나라의 피해 발생 상황을 나타낸 것으로, 최근 한국 선박이 말라카 해협에서 공격을 당했다는 보고는 없다.

이처럼 한때 '해적의 소굴'로 악명이 높았던 말라카 해협의 해적이 사실상 사라진 데에는 국제 공조체계가 힘을 발휘하고 있기 때문이다. 말레이시아와 싱가포르 등 말라카 해협의 연안국들과 한국을 포함한 아시아 16개국이 해적정보공유센터를 설립해 정보 공유, 합동 순찰 등 공조 체계를 구축한 것이 주효했다. 이와 관련해 국토해양부의 한 관계자는 "말라카 해협의 경우 역내 국가 간 공조체계가 구축되면서 해적들이 근거지를 상

실, 소말리아 해적 같은 조직적 해적들이 모습을 감췄다"고 말했다.[8]

　　이러한 현실은 노무현 정부 때 해군기지 사업을 추진했던 가장 큰 이유 가운데 하나가 이미 해결되었고, 이에 따라 제주해군기지 건설을 원점에서 재검토해야 할 사유가 또 하나 늘어났다는 것을 의미한다. 그럼에도 불구하고 정부와 해군은 '미래의 불확실한 위협'을 이유로 해군기지 건설을 강행하려고 한다. 실체도 불분명하고 불확실한 위협을 확실한 위협으로 만들 위험이 크다는 지적에도 불구하고 말이다.

일본과 중국 위협론은 타당성이 있는가?

───────────

말라카 해협에서 해적의 위협이 사라졌더라도, 주변국에 의해 우리의 해양 수송로가 위협받거나 봉쇄당하는 '만일의 사태'에 대비해 제주해군기지를 건설해야 한다고 주장하는 사람들도 많다. 남방 해역이 우리의 생명선에 해당하는 만큼, 일본과 중국의 '미래의 불확실한 위협'에 대처해야 한다는 뜻이다. 실제로 바다

───────────

8 《연합뉴스》 2011년 1월 25일.

는 우리에게는 생명선에 해당된다. 우선 지리적으로 한국은 3면이 바다로 둘러싸인 반도(半島)국가로서, 북쪽을 제외한 동쪽과 서쪽, 남쪽이 모두 바다와 만나고 있다.

이러한 지리적 특성으로 인해 경제적으로도 바다는 대단히 중요하다. 대외교역의 99.7%가 해상 운송을 통해 이루어지고 있으며, 어족과 해저 자원도 풍부하다. 특히 제주 남방 항로는 석유와 천연가스 같은 에너지 자원 운송의 핵심 교통로이다. 이로 인해 해상교통로(SLOC)가 차단되거나 마비된다면 무역은 물론 식량, 에너지 자원 수급이 중단되어 국가 경제 전체가 파탄날 수도 있다는 지적이 나온다. "해상교통로의 완전 차단 상태가 15일을 넘길 경우 한국은 국가 존립 자체가 위태로워질 수 있다는 지적"도 이러한 맥락에서 나온다.[9]

그런데 바다의 중요성이 곧 제주해군기지 건설을 정당화해주지는 않는다. 일단 건국 이래로 우리의 남방 해역에서 군사적 분쟁이 발생한 적은 없다. 또한 현재에도 제주해군기지 건설을 서둘러야 할 만큼 심각한 군사적 위협은 존재하지 않는다. 이는 해군도 인정하는 바이다. 물론 과거와 현재에 위협이 없다고 해서 미래에도 위협이 없으리라는 보장은 없다. 그러나 '미래의 불확실한 위협'에 대비한다는 명분으로 제주해군기지 건설을 강

---

9 김재엽, "제주 해군기지는 청해진의 재건", 《신동아》 2011년 10월호.

행할 경우, 오히려 불확실한 위협을 확실한 위협으로 만들 우려는 없는지 따져봐야 한다. 군비 증강은 상대가 있는 게임이고 이것이 군비경쟁을 야기해 한국의 안보 딜레마를 격화시킬 소지가 크기 때문이다.

그럼에도 불구하고 제주해군기지 건설 명분으로 말라카 해협의 '해적 위협론'이 설 자리를 잃자 그 자리를 채우고 있는 것은 해군기지 건설 재검토가 아니라 일본과 중국 위협론이다. 두 나라 모두 한국보다 군사력이 강하고 일본은 독도 영유권을, 중국은 이어도 관할권을 주장하고 있는 만큼, 이들 나라의 위협에 대비하기 위해 해군기지 건설이 필요하다는 것이다. 그러나 이러한 주장 역시 검증을 요한다.

우선 이들 나라의 군사력 자체를 위협으로 간주하는 것은 문제가 있다. 위협은 물리력과 인식의 조합이다. 즉, 어떤 세력의 군사력이 막강하다고 해서 그것이 바로 우리에게 위협이 되는 것이 아니라 그 군사력을 위협으로 '인식'할 때 비로소 위협으로 간주된다. 한국이 세계 최강의 군사력을 갖춘 미국이나 1만 개 가까운 핵무기를 보유한 러시아로부터 위협을 느끼지 않는 이유는 이들 나라의 군사력이 약해서가 아니라 이들 나라가 우리를 공격할 이유가 없다는 인식에 기인한다. 이러한 인식은 미국은 동맹국이고 러시아는 구소련 몰락 이후 우호협력관계를 꾸준히 발전시켜왔다는 사실에 기반을 두고 있다. 반면 한국이 북한으로부터 군사적 위협을 느끼고 있는 이유는 북한이 남한이나 한미동맹보다 군사력이 강해서라기보다는 북한의 남침으로 발발한 한국전쟁과 군사적 적대관계의 지속에 따른 대북 위협 인식에 있다. 이러한 맥락에서 볼 때, 일본이나 중국이 실제적인 위협이 될 가능성이 높은 것인지, 아니면 제주해군기지 건설을 비롯한 군비 증강을 정당화하기 위해 그 위협을 부풀리고 있는 것은 아닌지 따져볼 필요가 있다.

한국의 군사력이 만만치 않다는 것도 간과해서는 안 된다. 흔히 "우리도 국력에 걸맞은 군사력을 갖춰야 한다"는 주장이 맹위를 떨치고 있지만, 실상을 들여다보면 한국은 이미 국력을 넘어선 군사비를 지출하고 있다. 한국의 군사비는 절대치로는 일본 군사비의 60~70%, 중국 군사비의 30~40% 수준이다. 그런데 이를 GDP 대비로 비교해보면, 한국은 일본보다는 약 2.8배, 중국보다는 약 1.8배의 군사비를 지출하고 있다. 이미 국력에 비해 일본이나 중국보다 더 많은 군사비를 지출하고 있다고 볼 수 있다.

현실적으로 일본이 우리 선박에 군사적 위해를 가하거나 우리의 해양 수송로를 봉쇄할 가능성이 거의 없다는 점도 지적하지 않을 수 없다. 일본 헌법 9조에는 "국권의 발동에 의거한 전쟁 및 무력에 의한 위협 또는 무력의 행사는 국제분쟁을 해결하는 수단으로서 영구히 이를 포기한다"고 명시되어 있다. 비록 이러한 평화헌법의 취지가 많이 퇴색된 것은 사실이지만, 일본이 먼저 한국의 남방 해역에서 군사적 위협을 가한다는 것은 상상하기 어렵다.

거기에는 평화헌법 이외에도 세 가지 이유가 있다. 첫째는 동해와 달리 제주 남방 해역은 한일 간의 영유권 분쟁 지역이 아니다. 둘째는 역사와 독도 등 많은 문제에도 불구하고 일본은 한국을 아시아의 핵심적인 우방으로 간주하고 있다. 셋째는 한미-일 협력을 강조해온 미국이 한국에 대한 일본의 군사적 위협 행위를 좌시할 리 없다.

일각에서는 독도 문제를 거론하지만, 이 문제는 군사 갈등이라기보다는 외교 갈등의 성격이 짙다. 지리·군사적인 측면에서 보더라도 제주해군기지보다 동해 함대 사령부와 부산·진해 기지가 동해 유사시에 훨씬 수월하게 대응할 수 있다. 더구나 정부와 군 당국은 만일의 사태에 대비해 울릉도에 해군기지 확장을 추진하는 등 대비책도 세워두고 있다. 울릉도 사동항에 확장되고 있는 해군 부두는 한국 해군의 최대 함정인 독도함과 이지스함 정박이 가능한 규모로 설계되어 있다. 국방부와 국토해양부는 총 사업비 3천1백억 원을 투입해 2015년까지 완공한다는 계획이다. 독도 방어를 위해 제주도에 해군기지를 건설해야 한다는 주장은 더욱 설 자리가 좁아진 것이다.

그래서 많은 사람들은 '중국 위협론'을 거론한다. 실제로 제주해군기지는 중국을 겨냥하고 있다고 해도 과언이 아니다. 이어도 분쟁 가능성에 대비해야 하고 한국의 해양 수송로가 동중국해와 남중국해에 걸쳐 있다는 점이 반영되어 있기 때문이다. 또한 중국이 급속한 경제성장을 바탕으로 군사력을 대폭 강화하고 있고 동아시아 해양에서 세력권을 확대하려는 현실 역시 빼놓을 수 없다. 1990년 이후 매년 10% 이상씩 군사비를 늘여온 중국은 2012년 현재 미국에 이어 세계 2위의 군비 지출 국가로 급성장했다. 또한 최근에는 항공모함 건조 등 해군력 증강에도 상당한 공을 들이고 있다. 이러한 중국의 군비 증강은 이어도 문제와 연상 작용을 일으키면서 제주해군기지 건설의 최대 명분으로 부상하고 있다.

중국이 한국의 해양 수송로를 포함한 남방 해역에 군사적 위협을 가할 가능성이 있는 시나리오로는 이어도 인근에서의 군사적 충돌 발생, 미국과 중국의 무력 갈등 발생시 한국이 미국을 지원할 경우, 한반도 유사시 등을 떠올려 볼 수 있다. 이 세 가지 문제에 대해서는 다음 글에서 자세히 살펴보겠지만, 제주해군기지 건설의 위험성은 바로 여기에서 연유한다. 해군의 계획대로 제주해군기지를 만들어 이어도에 대한 초계 활동에 나서면, 우리에게 최악의 시나리오, 즉 이어도 인근 수역에서의 한·중 해군 대치와 이에 따른 양국 관계의 파탄은 피하기 어려워진다. 미군이 중국과의 무력 갈등시 제주해군기지를 사용하려고 할 경우에는 더욱 큰 문제가 발생할 수 있다. 한반도 유사시 중국 위협에 대처하기 위해 해군기지가 필요하다는 논리 역시 한국이 북한 무력 흡수통일론에 집착하지 않는 한 성립하기 어렵다.

이러한 점들을 종합해보면 제주해군기지는 미래에 있을 수도 있는 해양 안보 불안을 해소해주는 '소화기'가 아니라, 대한민국 전체의 안보와 경제를 위험에 빠뜨리는 '인화물질'이 될 위험이 크다. 우리의 해양 안보를 위해 건설한다는 제주해군기지가 거꾸로 우리의 생명선을 옥죄는 결과를 초래할 수 있다는 것이다.

Part.
4

제주해군기지로
이어도를 지킨다?

전략기동함대
창설 계획

―――――――――

노무현 정부 때 제주해군기지 추진의 가장 큰 명분이 말라카 해협 해적 활동이었다면, 이명박 정부 등장 이후에는 '이어도 보호'가 자주 거론된다. 해군기지 건설 사업의 책임자인 해군 전력기획 참모부장 구옥희 소장이 2011년 8월 〈중앙선데이〉와의 인터뷰에서 "이어도에서 석유가 터졌다고 생각해보라. 중국·일본이 가만있겠나. 그런데 제주도에 기지를 둔 우리 기동 전단이 항상 이어도를 초계하고 있다면 누가 뭐라고 하겠나"라고 말한 바있다. 이러한 기류를 반영하듯 국방부는 향후 10년간 6조5천억원을 투입해 '이어도-독도 함대'로도 불리는 전략기동함대를 창설해 부산 해군작전기지와 제주해군기지를 모항으로 사용할 계획이다.

전략기동함대는 이지스급 구축함 6척과 대형 상륙함 3척을 주축으로 이뤄진다. 현재 한국은 이지스함 3척과 독도함 1척을 보유하고 있기 때문에, 전략기동함대 창설을 위해서는 이지스함 3척과 대형상륙함 2척을 추가로 도입해야 한다. 아울러 이지스함보다 규모가 작은 구축함도 3척이 추가로 필요하다. 또한 전략기동함대는 예하에 3개 기동전단을 거느리는데, 각 기동전단엔 이지스함 2척, 대형 상륙함 1척, 구축함 3~4척, 잠수함 등이 배치된다.[10]

이어도는
영토가 아니다!

독도 문제가 잘 보여주듯, 영토와 주권 문제는 우리 사회에서 대단히 민감한 문제이다. 그런데 적지 않은 사람들은 이어도를 영토로 간주하고 있고, 그래서 제주해군기지 건설이 반드시 필요하다고도 여긴다. 실제로 2012년 3월 중국이 이어도 관할권을 주장하고 나서자 영토주권론이 맹위를 떨치기도 했다. 3월 12일자 〈조선일보〉는 '한국 좌파, 이어도 바다도 중국에 떼주자 할 텐가'라는 선정적인 제목을 달고는 "몇 년 안에 강정마을 앞바다에 중국 항모전단이 모습을 보일 것이다. 지금 강정마을에서 기지 건설 반대 굿을 하는 좌파는 그때는 이어도를 중국에 떼주자 할 셈인가"라며 제주해군기지 반대 진영을 매도했다. 같은

10 〈동아일보〉, 2012년 8월 31일.

날 〈중앙일보〉도 "중국이 이어도까지 넘보고 있는 마당에 제주 해군기지 건설을 둘러싼 논란이 계속되고 있다는 것은 안타까운 일"이라고 주장했다.

4·11 총선 전에 당시 통합진보당 공동대표 심상정 의원이 "이어도는 섬이 아니라 암초"라고 말했다가 보수 진영의 공세에 시달린 사례도 이어도 문제의 민감성을 잘 보여준다. 심 의원은 2012년 3월 7일 청계광장에서 열린 촛불집회에서 "이어도, 그건 섬이 아닙니다. 암초입니다"라고 말했다. 그러자 〈문화일보〉는 3월 9일자 사설을 통해 "대한민국 국민 주장이라고 믿기지 않을

이어도의 위치와 한중 양국이 주장하는 EEZ

정도"라고 비난하면서, "안보 해체를 노리는 종북(從北)의 전략"이라는 색깔론을 들고 나왔다.

그렇다면 이어도는 영토에 해당하는 섬일까? 그리고 제주해군기지가 건설되어 해군이 이어도 인근 수역에서 초계 활동을 벌이면 어떤 일이 벌어질까? 과연 정부와 해군의 주장처럼 우리의 해양 주권을 굳건하게 하는 결과를 가져올까? 아니면 중국의 거센 반발을 초래해 이어도 근해가 분쟁 수역화되고 한국의 안보와 경제를 위태롭게 만드는 결과를 초래할까?

제주해군기지를 이용한 이어도 초계 활동의 타당성을 따져보기에 앞서 이어도 문제의 기본적인 특징부터 이해할 필요가 있다. 우선 이어도는 섬이 아니라 '수중 암초'이기 때문에 영토나 영해 문제가 될 수 없다. 이는 이명박 정부도 거듭 확인해주고 있는 사실이다. 2011년 7월 이어도 인근 수역에서 한중 간 외교 마찰이 빚어졌을 때, 외교통상부 관계자는 이렇게 말했다. "이어도는 섬이 아닌, 수중 암초이기 때문에 영토나 영해 문제가 될 수 없다. 한·중 양국은 이어도가 영토 분쟁 지역이 아니라는 점에 합의했다." 이명박 대통령도 2012년 3월 12일 언론사 편집국장들과의 간담회에서 "이어도 문제에서 근본적으로 이해해주셔야 할 것이 '영토 분쟁은 아니다'"라며, "수심 아래, 해면 4~5m 아래에 있기 때문에 영토라 할 순 없다"고 거듭 강조했다.

이에 따라 이어도를 '영토'로 부르면서 진보 진영에 대한 공세의 빌미로 삼는 것은 객관적인 사실에도 부합하지 않는 정략적 공세에 불과하다. 이러한 지적이 이어도를 포기해도 좋다는 취지가 아님은 물론이다. 객관적 사실조차 무시한 색깔론과 과잉 대응이 남남갈등과 중국과의 마찰을 야기해, 이어도 문제의 합리적인 해결을 더욱 어렵게 만들 수도 있다는 것이다.

이어도 문제의 근원은 이 암초가 한국과 중국이 주장하는 배타적 경제수역(EEZ) 안에 있다는 데에 있다. 유엔해양법협약에 따르면, 각 국가는 연안 바깥 200해리까지 EEZ를 설정할 수 있다. 이에 따라 한국과 중국은 1996년에 이 협약을 비준하고는 200해리의 EEZ를 선포했다. 그런데 이어도는 제주 마라도에서 약 80해리, 중국 퉁다오에서 약 133해리 떨어져 있다. 한국은 이어도가 우리 연안에서 훨씬 가깝기 때문에 우리의 EEZ에 포함된다고 주장한다. 반면 중국은 유엔해양법이 수심 200m까지인 대륙붕에 대해서도 배타적 권리를 주장할 수 있도록 허용하고 있다는 점을 들어 자국의 대륙붕과 연결되어 있는 이어도는 자신의 관할 해역이라고 주장한다. 또한 중국은 연안의 길이와 인구의 차이도 고려해야 한다고 덧붙이고 있다.

이처럼 양측이 주장하는 EEZ가 겹치는 경우에 유엔해양법협약은 협상을 통해 EEZ 경계선을 획정하도록 하고 있다. 그러나 양국 정부는 1990년대부터 16차례에 걸쳐 국장급 실무 협상을 벌이고 있지만, 이렇다 할 성과는 없는 상태이다. 다만 2012

년 3월 하순에 열린 이명박-후진타오 한중 정상회담에서 이어도 문제 해결을 위해 EEZ 협상을 조속히 마무리하기로 합의한 것은 적지 않은 성과라고 할 수 있다. 정상 수준의 합의는 이어도의 분쟁 지역화를 차단하면서 합리적인 해결책을 모색할 수 있는 정치적 기반이기 때문이다.

이어도 문제의 민감성은 지리·경제적, 지정학적 측면에서도 찾을 수 있다. 이어도 인근 해저에 상당량의 원유와 천연가스가 매장된 것으로 알려지면서 자원 쟁탈전의 성격도 띠고 있다. 또한 미국과 중국의 동아시아 해양 패권경쟁이 가시화되면서 전략적 요충지인 제주 남방 해역과 동중국해, 그리고 서해의 군사적 민감성도 높아지고 있다.

그런데 주목할 점이 있다. 최근 몇 년간 이어도에 대한 중국의 대응 수위가 눈에 띠게 높아지고 있다는 것이다. 여기에는 폭발적으로 늘어나는 에너지 수요를 감당할 새로운 자원 확보, 자국의 해양 수송로 보호, 점증하는 미국과의 동아시아 해양 패권경쟁에 대한 대비책 등 국가 전략적 차원의 의도가 내포된 것으로 볼 수 있다. 이어도 관할권을 확보한다는 의미는 중국의 배타적 경제수역이 그만큼 넓어지는 것이고, 이에 따라 중국의 심장부인 황해권에 대한 경제적·안보적 이익을 지키는 데 유용하다고 판단할 수 있기 때문이다.

중국의 이어도 관할권 주장은 한국의 제주해군기지 건설

에 대한 맞대응의 성격도 있어 보인다. 중국은 1996년 이어도를 포함한 배타적 경제수역을 발표했지만, 대응 수위는 그리 높지 않았다. 2003년 한국이 이어도에 해양과학기지를 건설할 때에도 외교적 항의 수준에 그쳤다. 그러나 2007년 이후에는 대응의 수위가 달라지기 시작했다. 그해 12월 국가해양국 산하기구 사이트를 통해 이어도를 '쑤옌자오(蘇巖礁)'라고 부르면서 자국의 관할 해역이라고 주장하고 나섰다. 한국이 제주해군기지 건설을 공식 결정한 직후였다. 제주해군기지 건설이 본격 시작된 2011년 여름부터 중국의 이어도에 대한 대응 수위는 더욱 높아지기 시작했다. 7월에는 이어도 인근에서 인양 작업을 벌이던 우리 선박에게 철수를 요구한 바 있고, 12월에는 3천 톤급 순시선을 투입하겠다고 발표했다. 그리고 2012년 3월 3일에는 "이어도가 중국 관할 해역에 있으며 감시선과 항공기를 통한 정기 순찰 범위에 포함돼 있다"고 말했다. 이러한 방침을 구체화하듯 9월 23일에는 일본과 영유권 분쟁이 격화되고 있는 댜오위다오(釣魚島 · 일본명 센카쿠열도)를 무인항공기(UAV)로 감시할 계획이라면서 이어도도 감시 대상에 포함된다고 밝혔다. 그러자 〈조선〉 〈동아〉 등 보수언론은 일본과의 센카쿠 열도(댜오위다오) 분쟁에서 힘으로 밀어붙여 재미를 본 중국이 이번에는 이어도 관할권을 본격적으로 노리고 있다는 해석을 쏟아냈다.

중국이 이처럼 대응 수위를 높이고 있는 데에는 한국과의

EEZ 획정에서 유리한 고지를 차지하려는 의도와 함께, 제주해군기지에 대한 견제의 의미도 내포된 것으로 분석된다. 실제로 위에서 언급한 중국의 일련의 행태는 한국 정부가 해군기지 건설을 강행해온 것과 궤를 같이하고 있다.

이어도 초계의 위험성과 협상의 가능성

한중 양국의 주장이 팽팽히 맞서고 있는 상황에서 이어도 해법을 찾기란 쉽지 않다. 이명박 정부 출범 이후 대북정책, 한미동맹, 중국 어선의 불법 조업, 탈북자 문제 등을 둘러싸고 양국 관계가 크게 틀어졌다는 점도 이어도 문제의 외교적 해결을 어렵게 하는 배경이다. 이러한 상황에서 해군과 안보 전문가들, 그리고 보수 언론들은 제주해군기지에 기동 전단을 배치해 이어도 초계 활동을 벌이는 것이 중국의 위협에 대처할 방법이라고 주장한다. 그러나 '안보는 상대가 있는 게임'이다. 우리 측에서 먼저 합의되지 않은 수역에 해군을 투입해 초계 활동에 나선다면, 중국이 군사적으로 맞대응에 나설 수 있는 빌미를 제공하게 되고, 이어도 문제는 외교 갈등을 넘어 군사분쟁으로 치달을 수 있다.

만약 한국이 먼저 이어도 인근에 해군 함정을 보내 초계 활동에 나선다면, 중국이 강력한 맞대응을 선택할 것으로 보는 이유는 크게 두 가지이다. 하나는 한국과 EEZ 설정 협상이 마무리되지 않는 상태에서 한국 해군이 중국이 주장하는 EEZ로 들어오는 것 자체를 '주권 침해'로 간주할 것이기 때문이다. 또 하나는 중국이 한국 해군의 이어도 초계 활동을 눈 감을 경우, 남중국해의 난사 군도나 동중국해의 센카쿠 열도(중국명: 댜오위다오) 분쟁과 관련해서도 잘못된 메시지를 보낼 수 있다고 판단할 것이기 때문이다. 세력권이 넓게 퍼져 있는 강대국은 어느 한 지역에서의 양보나 후퇴가 다른 지역에서 상대방의 대담함을 자극할 것으로 간주하는 경향이 강하다.

이러한 분석이 적실성을 띤다면, 제주해군기지를 건설해 이어도 초계 활동에 나서는 것은 '미래의 불확실한 위협'을 '확실한 위협'으로 만드는 극히 어리석고도 위험한 선택이 될 것이다. 양국 해군이 이어도를 사이에 두고 대치하는 상황이 발생하면, 그 외교적·안보적·경제적 손실은 감당하기 힘든 수준으로 치달을 수 있다. 양국 내에서 반중-반한 감정이 고조될 것은 불 보듯 뻔하다. 한국이 먼저 군함을 보내 발생한 상황에서는 국제 여론이 우리에게 우호적으로 조성될 것으로 기대하는 것도 쉽지 않다. 중국이 이미 미국 및 일본과 합친 것보다 더 큰 한국의 최대 무역 상대국이 된 상황이라는 점에서 경제적 피해도 우려된다. 2011년 한국의 대중 교역액은 홍콩을 제외하더라도 2,206

억 달러에 달했다. 이는 미국과 일본의 교역액을 합한 2,088억 달러보다 많다. 특히 대중 무역흑자는 478억 달러였다. 중국 정부는 일본을 굴복시키는 데 사용한 희토류 수출 중단이나 한국에 대한 여행 금지 조치 등 경제적 보복에 나설 수도 있다. 또한 한중 해군 대치가 남북관계 불안과 조우할 경우, 서해의 안보 불안도 증폭될 수 있다.

냉정하게 볼 때, 한국이 이러한 상황을 계속 버티기도 힘들다. 아마도 미래의 한국 정부는 어떤 정부가 되었든, 해군 함정을 철수시켜 사태를 수습하려 할 것이다. 이는 한국이 중국에 굴복한 것으로 인식되어 국내 정치적 불안과 이어도를 포함한 EEZ 획정을 둘러싼 협상력의 저하로도 이어지고 만다.

제주해군기지 및 이어도 문제와 관련해 또 한 가지 유행하는 주장은 협상력 제고를 위해 해군기지가 필요하다는 것이다. "'협상 선점'을 위해서라도 이어도 해역에 한국 함정이 먼저 도착해 자리 잡고 있어야 함은 당연하다"거나,[11] "향후 한국 정부가 중국과 대륙붕 경계선과 EEZ 경계를 획정하는 데 있어 제주해군기지를 통한 한국 해군의 전진 배치는 협상에 유리한 위상을 점유하게 할 것"이라는[12] 주장은 이러한 시각을 잘 보여준다. 해군참모총장 출신인 새누리당의 김성찬 의원 역시 "우리가 힘

11. 배수강, "계획된 中 '이어도 도발' 힘받는 제주해군기지 건설", 《신동아》 2012년 5월호.
12. 정철호, 《미국과 중국의 동아시아 해양 전략과 한국의 해양 안보》, 세종연구소, 2012년 2월.

이 있어야 이웃 나라와 협력이 가능해진다"고 말했다.[13] 그러나 냉정하게 볼 때, 한국이 군사력과 경제력 등 물리적인 힘의 대결을 통해 중국을 상대로 협상력을 높이겠다는 것은 가능하지도 타당하지도 않다. 이러한 논리라면 한국보다 군사비는 3배, GDP는 6.5배가 높은 중국이 협상 우위를 계속 점할 수밖에 없기 때문이다.

오히려 제주해군기지 건설을 통한 이어도 확보 시도는 역효과가 클 것이다. EEZ를 획정할 명확한 국제법적 기준도 없고, 양측의 주장이 팽팽하게 맞서고 있는 상황에서 이 문제를 풀 수 있는 유력한 방법은 신뢰 구축에 있다. 그런데 제주해군기지 건설은 중국의 한국에 대한 전략적 불신을 자극하는 요인이다. 해군의 이어도 초계 활동을 위해 해군기지가 필요하다는 한국 측 주장에 대한 반감뿐만 아니라 결국 해군기지가 미국의 대중국 봉쇄전략에 이용될 것이라는 시각이 강하기 때문이다. 그런데 중국의 제주해군기지에 대한 불신을 불식시키지 못하면, 중국은 EEZ 협상에서 더욱 강경하게 나올 공산이 크다. 미국의 봉쇄전략을 무력화하기 위해서는 더 넓은 EEZ를 확보해야 한다고 믿을 것이기 때문이다.

결국 이어도 문제의 해법은 군사적 대응보다는 능동적인

---

13 *Asia News Network*, August 13, 2012

협상을 통해 EEZ 합의에 도달하는 것에 두어야 한다. 중국 정부가 센카쿠 열도(댜오위다오)나 난사 군도에 대한 배타적인 영유권을 주장하고 있는 반면에, 이어도 문제는 협상의 대상이라는 점에 동의하고 있는 점은 희망의 근거이다. 이와 관련해 중국 외교부는 2012년 3월 12일, 이어도는 "중국과 한국의 EEZ가 중첩되는 지역"이라며 "쌍방이 담판으로 해결해야 한다"고 말했다. 그리고 앞서 언급한 것처럼 이명박-후진타오도 협상을 통한 문제 해결에 합의한 바 있다.

검토해볼 만한 타협책으로는 중국으로부터 한국의 EEZ에 이어도가 포함되는 것을 동의받는 대신에, 한-중 양국, 혹은 한-중-일 3국이 공동으로 원유와 천연가스를 조사·개발하는 방안에 합의하는 것이 있다. 현실적으로 양국이 EEZ에 합의하지 않는 한, 어떤 나라도 이어도 인근의 해저 자원을 손에 넣을 수 없다는 것을 깨닫는 것도 중요하다. 이러한 해결책이 가능하기 위해서는 제주해군기지 건설을 백지화함으로써 중국의 전략적 불신을 해소하는 것이 선행되어야 한다. 이어도를 지킬 수 있는 힘, 그건 제주해군기지에 있는 것이 아니라 바로 우리의 외교력에 있기 때문이다.

가열되는 미중 패권경쟁과
'동맹의 덫'

조용한
패권경쟁

21세기 국제질서의 가장 두드러진 특징이자 관심사는 '미국의 쇠퇴'와 '중국의 부상'이라고 할 수 있다. 전략적 경쟁자였던 소련의 붕괴 이후 '자유주의적 패권' 국가로서의 모습을 보였던 미국은 부시 행정부 출범과 함께 '제국주의적 패권'을 추구했다.[14] 그러나 이라크 전쟁의 실패와 이어진 경제위기의 여파로 제국의 꿈은 쇠락의 길을 걷고 있다. 반면 중국은 19~20세기 초반의 '치욕의 역사'를 딛고 강대국으로 '다시' 부상하고 있다. 이는 미중관계가 21세기 국제관계의 최대 변수가 되고 있다는 것을 의미한다.

문제는 양국 관계의 미래를 낙관하기 어렵다는 것이다. 오늘날 갈등과 협력이 공존하고 있는 미중관계의 저변에는 자국 주도의 단극 체제를 유지·강화하려는 미국과 장기적으로 다극

---

14 존 이켄베리(John Ikenberry)는 자유주의적 패권을 "다자주의, 견고한 동맹 파트너십, 협력적 안보, 합의된 제도를 중심으로 구축된 국제질서"로, 제국주의적 패권을 "일방주의, 강압적 지배, 상호 합의한 게임의 규칙에 대한 공약을 소홀히 하는 국제질서"로 정의한다. 최종철, "주한미군의 전략적 유연성과 한국의 전략적 대응 구상," 《국가전략》, 제12권 1호(2006), 60~61쪽 재인용.

체제를 지향하는 중국 사이의 전략적 갈등을 내포하고 있다. 이러한 경향은 오바마 행정부 들어서 더욱 강해지고 있다. "중국을 봉쇄하지 않겠다"던 오바마 행정부는 이라크와 아프가니스탄 전쟁이 마무리 단계에 접어들면서 미국의 힘을 아시아-태평양 지역에 집중하려 한다. 이에 맞서 중국도 최근 공세적인 태도를 분명히 하고 있다. 미국의 〈월스트리트 저널〉은 "두 나라 모두 공식적으로 말하진 않고 있지만, '눈에는 눈, 이에는 이' 식의 군사 기술 경쟁을 조용히 벌이고 있다"고 진단했다.[15]

그런데 미국은 여전히 세계 최강대국이자 한국의 유일한 공식적인 동맹국이다. 종속적인 한미동맹 관계에서 미국의 제주해군기지 사용 여부는 한국의 주권 사항이 아니라 미국의 선택에 달려 있다. 그런데 중국은 제주해군기지의 잠재적인 상대국이자 한국의 최대 교역국이며 한반도의 평화와 통일 프로세스의 소중한 파트너이다. 제주해군기지 건설 문제를 미중관계의 맥락에서 따져봐야 할 필연적인 이유이다.

---

15 *The Wall Street Journal*, January 4, 2012.

미국의 아시아로의 귀환과
동아시아 전략

이라크와 아프가니스탄에서 10년간 전쟁을 치르고 생긴 막대한 재정적자로 군비 삭감이 불가피해진 미국이 '아시아로의 귀환 (pivot to Asia)'을 선언했다. 2012년 1월 버락 오바마 대통령이 직접 발표한 〈미국의 지속적인 글로벌 리더십 유지: 21세기 국방의 우선순위〉라는 보고서를 통해서다. 이 보고서에서는 아시아—태평양 지역이 정치, 경제, 군사안보에서 세계의 중심지로 부상하고 있다면서 "우리는 아시아—태평양 지역에서 부득불 재균형 (rebalance)을 추구할 것"이라고 천명했다.[16]

신군사전략 발표 이후 미국의 발걸음도 빨라지고 있다. 그 양상의 첫 번째가 군비 삭감 계획임에도 불구하고 아시아—태평양 지역에는 군사력을 늘린다는 방침이다. 2015년 실전 배치를 목표로 건조 중인 신형 항공모함 '제럴드 포드호'를 추가로 확보해 항모 전단을 5척에서 6척으로 늘리는 등, 현재 52%인 아태 지역의 해군력을 2020년까지 60%까지 늘리겠다는 계획이다. 또한 해상 미사일방어체제(MD) 강화를 위해 이지스탄도미사일방어체제(ABMD)도 2012년 현재 26척에서 2018년까지 36척으

---

16 http://www.defense.gov/news/Defense_Strategic_Guidance.pdf.

로 늘리는 한편, 중동과 남아시아에 투입되었던 B-1, B-2 전폭기, 무인 정찰·폭격기 글로벌 호크, 대잠 초계기 P-3 등 공군력의 상당 부분을 아태 지역으로 재배치한다는 계획이다.[17]

이 가운데 새롭게 주목을 끄는 것이 바로 제럴드 포드호이다. 제2차 세계대전 이후 해양 패권을 장악해온 미국은 항공모함을 '5500평의 미국 영토'라고 부르면서, 항모 전력을 군사 패권의 핵심으로 삼아왔다. 그런데 중국이 '항모 킬러'로 불리는 항공모함 공격용 탄도미사일을 개발하면서 미국의 항공모함 전략에도 차질이 빚어졌다. 미국이 이에 대한 대응책으로 꺼내든 것이 바로 장거리 무인 항공기다. 장거리 무인 항공기를 투입하면 피격의 위험을 피하면서 유인 전투기보다 제공 시간을 크게 늘릴 수 있다는 계산 때문이다.

제럴드 포드호가 주목을 끄는 이유가 바로 여기에 있다. 이 항공모함은 전투기 출격 방식으로 증기 추진(steam-powered)이 아닌 전자기식(electromagnetic)을 채택하고 있는데, 이렇게 하면 출격 시간을 대폭 단축할 수 있다. 또한 이 항공모함은 장거리 무인 항공기를 탑재할 수 있게 설계되어 있다. 이것이 의미하는 바는 기존 항공모함보다 먼 거리에서도 군사작전이 가능하다는 것이다. 이와 관련해 항모용 무인 항공기 개발 책임을 맡고 있는

---

17 *The New York Times*, September 13, 2012.

윌리엄 샤넌(William Shannon) 해군 소장은 1911년 처음으로 전투기가 항모를 이륙하는 데 성공한 것과 비교하면서 항모 출격용 무인 항공기 개발 및 배치는 "새로운 100년을 여는 쾌거"라며 기대감을 표했다.[18]

두 번째는 미국이 세 가지의 3자 동맹을 구축해 중국에 대한 포위·봉쇄망을 강화하고 있는 것이다. 여기서 세 가지 3자 동맹이란 한-미-일, 미-일-호주, 미-일-인도를 의미한다. 이를 통해 알 수 있는 것은 미국이 주도하고 일본을 기축으로 삼아 동쪽-서쪽-남쪽에서 대중 포위망을 좁히려고 한다는 것이다. 특히 미국은 이들 3자 관계 가운데 한-미-일 관계가 가장 중요하다는 입장이다. 최근 논란이 된 바 있는 한일군사협정 문제도 이러한 맥락에서 나온 것이다.

세 번째는 아시아에 추가적인 기지와 시설, 그리고 기항지를 확보해 미 해군의 접근 능력 및 신속성과 기동성을 대폭 강화하고 있는 것이다. 미국은 2000년대 초반부터 지역해양안보구상(RMSI)과 대량살상무기 확산방지구상(PSI) 등을 주도하면서 동맹·우방국들을 미국의 해양 전략에 포섭하려 하고 있다. 2011년 6월 로버트 게이츠 당시 미 국방장관이 "앞으로 미군은 아시아에서 기항지를 늘리고 다수 국가와의 다국적 훈련도 확대할

---

18 *The Wall Street Journal*, January 4, 2012.

것"이라고 말한 것도 이러한 맥락에서 나온 것이다.

특히 미국은 최근 격화되고 있는 동아시아 영토 분쟁을 이러한 전략을 실현할 수 있는 기회로 간주한다. 미국은 2010년부터 "남중국해에서 항해의 자유를 보장받는 것은 미국의 국익"이라며 이 지역에서 중국과 동남아 국가들 사이의 영유권 분쟁에 적극 개입하는 태도를 보여왔다. 잘 알려진 것처럼 중국은 남중국해에서 필리핀과 황옌다오(필리핀명 스카보로섬), 베트남 등과는 난사 군도(스프래틀리군도), 시사 군도(파라셀군도) 영유권을 둘러싸고 갈등을 빚고 있다. 그러자 미국은 이들 국가에 대한 군사 지원, 합동 군사훈련 실시, 추가적인 기지 및 기항지 확보 등의 방식을 통해 군사협력을 크게 제고하고 있다.

넷째는 미국의 '신냉전 전쟁 계획'으로 일컬어지는 공해전(空海戰, Air-Sea Battle) 개념이다. 미국이 2011년 11월 공식 발표한 공해전 개념은 미 공군, 해군, 해병대가 합동 전력을 구축해 중국의 '거부 전략(denial strategy, 미국이 중국의 세력권 안으로 들어오는 것을 차단하는 전략)'을 무력화하고, 아태 지역에서 미국의 '접근의 자유(freedom of access)'를 유지·강화하겠다는 목적에서 나온 것이다.

다섯째는 미국 주도의 동아시아 MD 체제 구축 본격화 움직임이다. 주지하다시피 미국은 21세기 군사패권의 핵심을 MD로 삼고 있으며, 오바마 행정부 들어서도 이러한 움직임은 계속되고 있다. 우선 동아시아 MD 구축을 위해 한국, 일본, 호주 등과 양자 협의를 강화하는 한편, 다자 간 MD 네트워크 구축을 위해 한-미-일, 미-일-호주 3자 대화를 하고 있다. 또한 해상 MD 강화를 위해 ABMD도 2012년 현재 26척에서 2018년까지 36척으로, 2020년까지는 40척 이상으로 늘리기로 했다. 미국이 해군력의 60%를 아태 지역에 집중하기로 한 만큼, 이들 가운데 30척 안팎은 이 지역에 배치될 것이 확실하다.

미일동맹의 MD 일체화도 가속화되고 있다. 두 나라의 최근 움직임에서 주목할 것은 두 가지이다. 하나는 일본의 해상자위대가 2척의 이지스함을 업그레이드해 MD 능력 강화를 추진하고 있다는 것이다. 업그레이드의 핵심적인 내용은 미국의 레이시온과 일본의 미쓰비시 중공업이 공동 개발하고 있는 SM-3 Block IIA을 일본 이지스함에 장착한다는 것이다. 이렇게 될 경우 일본 이지스함의 미사일 요격 범위와 고도는 크게 향상될 전망이다.

또 하나는 미일동맹이 일본 남부에 MD용 조기 경보 레이더인 X-밴드 레이더를 배치하기로 한 것이다.[19] 미국은 필리핀에도 X-밴드 레이더 배치를 검토 중이다. 이러한 미국의 계획이 이행될 경우 '일본 북부 아오모리현-일본 남부-필리핀'으로 이어지는 MD 레이더망을 구축할 수 있게 된다. 이는 북한 전역은

---

19 *The New York Times*, September 14, 2012.

물론이고, 잠재적으로는 중국과 러시아 영토의 상당 부분을 커버할 수 있어 동아시아 안보 정세에 일대 파란을 몰고 올 전망이다. 또한 X-밴드 레이더는 상대방의 탄도미사일뿐만 아니라 함정의 움직임도 탐지·추적할 수 있어 최근 격화되고 있는 중일 간의 영토 분쟁에도 미묘한 파장을 일으키고 있다.[20]

중국의 '거부 전략'을
무력화하라

이렇듯 미국이 '아시아의 귀환'을 선언하고 군비 증강 및 동맹 체제 강화에 나서고 있는 핵심적인 목표는 중국의 거부 전략을 무력화하려는 데 있다. 미국은 중국 군비 증강의 핵심이 '거부 전략(denial strategy)'에 있다고 본다. 거부 전략이란 명시적·잠재적 적대국이 자신의 세력권에 들어오는 것을 저지하려는 군사적 능력과 전술을 의미한다. 이러한 전략에 따라 중국은 잠수함과 대함 미사일 전력을 비약적으로 증강해왔고, 최근에는 '항공모함 킬러'로 불리는 탄도미사일(DF-21D)과 최초의 항공모함을 선

---

20 *The Washington Post*, September 18, 2012. 참고로 미일동맹은 센카쿠 열도도 미일동맹의 적용 대상이라는 입장을 밝히고 있고, 오키나와에 최대 작전반경 3900km에 달하는 수직이착륙기 오스프리(MV-22)를 배치해 중국의 거센 반발을 야기하고 있다.

보이기도 했다. 중국 거부 전략의 핵심적인 대상은 역시 미국이고 지역은 대만해협이다. 2010년부터는 서해와 남중국해 및 동중국해도 미중 간 갈등의 바다로 부상했다. 미국은 중국의 군사력이 미국과 대등해지려면 오랜 시간이 걸리겠지만, 중국의 거부 전략을 방관할 경우 미국의 개입 이전에 중국이 분쟁 중인 섬이나 수역을 점령할 것을 우려한다.

미국이 중국의 거부 전략 무력화를 21세기 핵심적인 군사 전략으로 삼게 된 배경은 이렇다. 펜타곤 최고의 전략가로 손꼽히는 앤드류 마셜(Andrew W. Marshall)은 1999년 여름 펜타곤 관리들과 학자들, 그리고 전직 관리들을 불러 모았다. 2025년 아시아 정세를 전망하고 그 대응책을 논의하기 위한 자리였다. 마셜은 이 모임 직후 〈2025년의 아시아(Asia 2025)〉라는 제하의 보고서를 작성했다. 보고서에서는 "안정적이고 강력한 중국은 지속적으로 동아시아의 현상 유지에 도전할 것"이고, 반대로 "중국이 불안하고 약해지더라도 중국 지도자들이 외국을 상대로 한 군사 모험주의를 통해 자신들의 권력을 강화하려고 할 것이기 때문에 위험할 것"이라고 결론지었다.[21]

보고서는 최악의 시나리오도 언급했다. 시나리오는 2025년경에 중국은 대만에게 자신이 원하는 조건하에 통일에 동의할

---

21 *The Washington Post*, March 17, 2000.

것을 강요하고, 대만이 이를 거부하자 대만해협을 봉쇄하는 것으로 시작된다. 미국이 대만 방어를 위해 함대를 보내려고 하자, 중국은 미국 함정에 대한 공격을 경고하면서 '전쟁을 택하든지, 물러서든지 양자택일 하라'는 메시지를 전한다. 미국이 주저하자 대만 경제는 붕괴되기 시작하고 결국 중국의 통일 요구를 수용하기에 이른다. 그 파장은 일파만파로 번진다. 미국의 안보 공약에 의심을 품은 아시아 동맹국들이 중국에 줄 서기 시작한 것이다. 일본은 주일미군 기지 폐쇄를 약속하고 중국과 우호관계를 선택한다. '통일 코리아'도 주한미군 철수를 요구한다. 보고서는 "중국의 목표는 아시아를 정복하거나 점령하는 것이 아니라 지배하는 것"이라고 강조했다.

12년 전 펜타곤 보고서를 새삼 거론한 이유는 이 보고서 작성을 주도했던 마셜과 제임스 매티스(James N. Mattis)가 오늘날에도 중요한 영향력을 행사하고 있기 때문이다. 국방부 순평가국 소장 마셜과 합동사령부 사령관 매티스는 2010년 〈4개년 국방정책 검토 보고서(QDR)〉 작성 당시 중국의 군사적 위협에 대처하고 아시아-태평양 지역에서 패권을 유지하기 위해서는 중국의 접근 거부 전략을 무력화시킬 수 있는 개념이 필요하다고 강조해, 이 내용을 QDR에 포함시킨 장본인들이다.

그리고 이들의 주문은 앞서 소개한 '공해전 개념'을 통해 구체화되기에 이른다. "공해전 개념은 선진 무기 기술과 거부 능력의 확산에 대응해 미국의 지속적인 우위를 유지할 수 있도록 각 부대가 합동 작전을 펼치는 데 지침이 될 것"이라는 게 2011년 11월 펜타곤이 내놓은 공해전 개념의 취지이다. 중국 군사력에 대한 압도적인 우위를 유지함으로써, 아시아-태평양 해양 통제와 전력 투사 능력을 유지하고, 아시아 동맹국들을 안심시켜 미국 주도의 동아시아 질서를 공고히 하겠다는 계산이다.

무력화 대상에는 중국의 잠수함, 위성 파괴 무기, 스텔스 전투기, 미국 항모와 해외 주둔 미군을 공격할 수 있는 탄도미사일, 그리고 사이버 공간 등이 거론되고 있다. 이를 위해 미국은 새로운 장거리 폭격기 개발·배치, 잠수함과 스텔스 전투기의 합동작전, 작전반경 1600km의 장거리 무인 공격기 배치, 중국 내륙에 대한 해공군 및 해병대의 합동 작전, 중국 내에 배치된 위성 파괴 무기 공격, 미국 위성의 생존성 강화, 중국을 상대로 한 사이버전 전개 등을 추진하고 있다.[22] 앞서 소개한 제럴드 포드호와 해상 MD 체제는 이러한 무력화 전략을 뒷받침하는 핵심적인 무기 체계들이다.

그러자 중국의 경계심도 커지고 있다. 인민해방군의 판가오위예 대령은 미국의 공해전 개념이 "미국의 주적을 국제 테러리스트에서 인민해방군으로 바꾸는 것"이라고 비판했다. 그러면

---

22 *The Washington Times*, November 19, 2011.

서 중국의 군비 증강은 대만 독립 및 미국의 개입을 예방하는 데 국한되어 있다며, "만약 미국이 대만을 포기한다면, 우리도 거부 능력 증강을 중단할 것"이라고 주장했다.[23] 〈인민일보〉 자매지인 〈환구시보〉는 2011년 11월 14일자 사설을 통해 미국이 신냉전을 야기하고 있다고 비난하면서 "미국이 공해전 시스템을 추진한다면, 중국도 거부 능력을 강화해야 한다"고 강조했다. "중국은 미국을 아시아에서 축출할 의도가 없지만, 위기 상황시 미국의 간섭에 맞설 수 있는 단호함을 가져야 한다"는 것이다.

미국의 대중 봉쇄선인 제1열도선과 제2열도선
출처: 글로벌 시큐어리티(www.globalsecurity.org)

---

23 The Wall Street Journal, November 14, 2011.

미중 해양 패권경쟁의 1차 전선은 일본-오키나와-대만-필리핀으로 이어지는 제1열도선이다. 미국은 이 열도선을 미국이 항해의 자유를 보장받아야 하는 수역이자 대중 봉쇄선으로 간주해왔다. 반면 중국은 이 열도선 이내를 자국의 연안이자 미국의 진출을 저지해야 하는 방어선으로 간주한다. 1980년대 덩샤오핑은 인민해방군 근대화 계획의 핵심으로 2010년까지 제1열도선까지 방위선을 확장해, 그 안쪽의 해역에서 미국의 영향력을 배제한다는 목표를 세웠다. 뒤이어 집권한 장쩌민은 1997년 "인민해방군의 연안 전투 능력은 제1열도선 안에 초점을 맞춰야 한다"고 강조했는데, 중국은 연안을 제1열도선 안쪽과 동일시하고 있다. 그런데 미국의 아시아-태평양 군사전략의 1차적인 핵심은 바로 이러한 중국의 전략을 무력화하는 데 있다. 중국의 한 장성이 "미국은 제1열도선 안에 네 개의 동맹국을 갖고 있고, 중국이라는 용을 벌레로 질식시키려고 한다"고 비난한 것은 중국의 경계심을 잘 보여준다.[24]

---

24 *The Wall Street Journal*, January 4, 2012.

한국, 중국 봉쇄의
전초기지 되나?

_____

이렇듯 미국의 군사전략이 중국 봉쇄를 겨냥해 하루가 다르게 바뀌면서 한미동맹 및 한국의 위상과 역할도 빠르게 바뀌고 있다. 이러한 양상은 2012년 6월 발표된 한미 외교/국방장관 회담 (2+2 회담) 공동성명에 잘 드러나 있다. 우선 한미동맹을 지역동맹과 글로벌동맹으로 전환하고 있는 것이 눈에 띈다. 공동성명을 보면 "한국은 미국이 아시아로의 관심과 기여를 증대하는 것을 환영하며, 미국은 한국이 한반도를 넘어 지역 및 세계 평화·안보에 대해 역할을 강화시켜나감을 환영한다"고 나와 있는데, 이는 한미동맹의 지리적 범위가 전 세계로 확대되고 있다는 것을 의미한다.

둘째, 사실상의 한-미-일 삼각동맹이 가시화되고 있다. 이와 관련해 2+2 회담 공동성명에서는 "인도주의적 지원, 재난 구호, 해양 안보, 항행의 자유, 대량살상무기(WMD) 비확산을 포함하여 한·미·일 3자 협력 범위를 확대하기로" 했고, "한·미·일 안보 토의를 포함하여 3자 안보협력·협조를 위한 메커니즘을 강화"하기로 했다. 최근 논란이 되고 있는 한일군사협정도 이러한 맥락에서 추진된 것이며, 7월 초순 캄보디아 프놈펜에서 열린 한-미-일 외교장관 회담에서 워싱턴에 실무급 운영 그룹을 두기로 한 것도 한-미-일 3자동맹의 제도화 수준을 높이고자 하는 취지에서 나온 것이다. 또한 이들 세 나라는 6월 하순 제주 남방 해역에서 사상 최초로 합동 해상훈련을 실시하기도 했다.

셋째, 한국이 미국 주도의 동아시아 MD 체제에 깊숙이 편입되고 있다는 것이다. MD는 미국의 선제공격 능력을 배가하고 중국 및 러시아와의 전략적 균형을 와해할 우려가 크다는 점에서 국제 평화를 가장 위협하는 요인으로 지목되어왔다. 김대중-노무현 정부가 MD와 거리를 두려고 했던 까닭도 여기에 있다. 그러나 이명박 정부 들어 미국 MD로의 편입이 가속화되고 있다. 2+2 공동성명에도 "북한의 점증하는 미사일 능력에 대응하여, 양측 장관들은 미사일 위협에 대한 포괄적인 연합 방어태세(comprehensive and combined defenses)를 강화하는 방안을 모색하기로 했다"고 나와 있다. 여기서 '연합(combined)'이라는 표현은 주한미군과 한국군의 MD 능력을 사실상 일체화하겠다는 의미이고 '포괄적(comprehensive)'이라는 것은 일본을 포함한 '지역 MD' 구축 의도를 드러낸 것이라고 볼 수 있다.

다음 글들에서 자세히 살펴보겠지만, 제주해군기지 문제 역시 한미동맹과 한-미-일 군사협력 강화, 그리고 한국의 대중국 봉쇄 전초기지화의 관점에서 따져보지 않을 수 없다. 제주해군기지가 건설되어 미국이 어떠한 형태로든 이용하게 된다면, 미중 간의 무력 갈등시 한국의 외교안보와 경제에 치명적인 위험을 야기할 수 있기 때문이다. 이러한 우려와 관련해 가장 많이 제기되는 반론은 '그렇다면, 왜 중국이 문제 삼지 않느냐'는 것이다. 실제로 중국이 공개적으로 제주해군기지와 관련해 언급한 것은 아직까지는 없다. 중국은 전통적으로 내정 불간섭 원칙을 견지하고 있고, 타국의 정책이 중국에 대한 가시적인 위협으로 드러나기 전까지는 공개발언을 자제하는 경향이 강하다. 그러나 중국의 침묵이 곧 제주해군기지에 대한 중국의 경계심과 우려가 없다는 것을 의미하지는 않는다. 중국은 또한 정부의 시각을 관변 언론과 학자를 통해 밝히는 경우가 많다는 것도 간과해서는 안 된다.

최근 수년간 몇 가지 사례는 이러한 분석을 뒷받침해준다. 2006년 3월 하순 닝푸쿠이 주한 중국대사는 "미군이 한반도에 주둔하는 것은 한국의 안보를 보장하기 위함이다. 계속 쌍무적인 틀 안에서 행동하면 우리는 이해할 수 있지만 만약 제3국을 대상으로 하여 행동하게 되면 우리는 관심을 돌리지 않을 수 없다"라고 공개적으로 말한 바 있다. 그런데 이 발언은 한미 간에 주한미군의 전략적 유연성 합의가 나온 지 한 달 뒤에 나왔다.

또한 이명박 대통령의 방중 기간이었던 2008년 5월 하순 친강 중국 외교부 대변인은 "한미 군사동맹은 지나간 역사의 유물"이라며 "시대가 많이 변하고 동북아 각국의 상황도 크게 변한 만큼 낡은 사고로 세계 또는 각 지역이 당면한 문제를 다루고

처리하려 해서는 안 된다"고 말했는데, 이 역시 이명박-부시가 한미 전략동맹을 천명한 지 한 달 뒤에 나왔다. 주한미군의 전략적 유연성 논의가 2003년부터 시작되었고, 한미 간의 전략동맹 논의 역시 이명박 정부 출범 직후부터 시작되었는데, 수년 혹은 수개월 뒤에 공개적으로 경고 섞인 불만을 토로한 것이다.

이와 관련해 2004년 11월 29일 라오스에서 열린 한·중·일 정상회담에서 예정에 없던 한중 정상회담을 중국 측이 제안해 원자바오 총리가 노무현 대통령에게 한 말은 시사하는 바가 크다. 당시 미국은 2003년 들어 수원-오산·평택-군산 등 한국의 서남부에 패트리어트 최신형인 PAC-3를 집중적으로 배치했고, 이와 더불어 주한미군의 전략적 유연성도 추진하고 있었다. 이에 대해 원자바오는 "최근 한국의 서해상에 미군 패트리어트 요격 미사일이 배치되고 있는데, 이것은 중국을 겨냥한 것이다. 한국이 중국의 적국이 아닌데, 이와 같은 시도에 대해 중국은 그 의도를 의심하지 않을 수 없다. 또한 주한미군이 양안 문제에 개입하는 군으로 전환되는데, 이렇게 되면 중국과 한국 관계도 문제가 된다"며 강한 불만을 토로했다. 그러나 이러한 사실은 6년 뒤 청와대 행정관 출신이 쓴 책을 통해서 알려졌다.[25]

이처럼 중국은 양자동맹이었던 한미동맹이 '지역동맹'으로

25 김종대, 《노무현, 시대의 문턱을 넘다》, 나무와 숲, 2010년, 326쪽.

변화해온 것과 한국이 미국 MD 체제로 편입될 가능성에 대해 극도의 경계심을 갖고 있다. 특히 중국은 MD를 21세기 최대의 전략적 위협 요소로 간주하고 있다. 일례로 미국의 한 연구자가 중국의 정부 관리, 군 관계자, 민간 전문가 등 60여 명을 인터뷰해 작성한 보고서는 "중국이 미국 주도의 MD를 21세기 최대 위협으로 간주하고 있다"고 결론지었다.[26] 이러한 분석은 중국의 공식 문서에서도 확인된다. 2011년 3월에 발표된 〈2010년 국방백서〉에서는 "MD는 국제사회의 전략적 균형과 안정에 해롭고, 국제·지역 안정을 해칠 것이며, 핵 군축 프로세스에 부정적인 영향을 줄 것"이라고 주장하면서 "중국은 어떤 나라도 해외에 MD를 배치해서는 안 된다는 입장"이라고 강조해 미국 주도의 MD가 중국 포위 전략의 일환으로 이용되고 있다는 강한 경계심을 드러냈다.[27]

바로 이러한 맥락에서 중국은 한국이 미국 MD에 편입되는 것을 한중관계의 마지노선으로 간주한다. 이에 대해 베이징대 교수인 주펑은 "중국은 전략적 안정을 대단히 중요시한다. 만약 한국이 미·일 주도의 MD에 가입하면 중국 인민해방군을 완전히 벼랑 끝으로 몰아갈 것이므로 중국은 분명히 한국에 대한 전

---

26 Joanne Tompkins, How U.S. Strategic Policy Is Changing China's Nuclear Plans, Arms Control Today, January/February 2003.

27 China's National Defense in 2010, http://merln.ndu.edu/whitepapers/China_English2010.pdf

략을 바꿀 것이다. MD는 한·중 우호의 마지노선이다"라고 경고한다.[28]

원자바오의 발언에서도 확인할 수 있듯이, 중국은 하층 방어인 패트리어트 시스템이 한국의 서남부에 배치된 것을 두고도 한국이 미국 MD에 편입되고 있는 것으로 간주한다. 그런데 미국과의 전략동맹을 추구해온 이명박 정부는 공동연구, 합동 실험, 한국형 미사일방어체제(KAMD)와 MD와의 상호 운용성 강화, 오키나와와 괌 방어에 한국의 기여 모색 등 미국과의 MD 협력에 박차를 가하고 있다. 이러한 맥락에서 볼 때, 제주해군기지에 미국의 이지스함이 들락날락거리게 되고 제주기지가 동아시아 해양 갈등의 미 해군 측 중간기지로 이용되게 되면 중국의 반발 수위는 더욱 높아질 수밖에 없다.

평택미군기지 확장 및 주한미군의 전략적 유연성에 대한 중국의 외교적 경고에 뒤이은 군사적 대응은 제주해군기지 건설 강행시 야기될 수 있는 문제점을 시사해준다. 미국 〈UPI 통신〉의 2008년 6월 20, 24, 25일자 보도에 따르면, 중국은 한반도와 가장 인접한 산둥반도에 전략 핵잠수함, 전투기, 방공 부대를 배치했다. 특히 이러한 전력은 한국은 물론 일본까지 사정거리에 두고 있어, 양안 간의 무력 충돌시 주한미군과 주일미군의 개

---

28 문정인, 《중국의 내일을 묻다》, 삼성경제연구소, 2010년, 252쪽.

입을 억제하려는 의도가 엿보인다고 UPI 통신은 전했다. 실제로 칭다오 기지에 배치된 핵추진 잠수함은 한국과 일본 전체를 사거리 안에 두고 있는 탄도미사일 발사 능력을 보유하고 있다. 또한 한미동맹과 미일동맹에 대응하는 핵심 전력인 중국 인민해방군의 북해 함대를 공중 지원하기 위해 한국 전체와 일본 일부를 사정거리에 둔 최신예 전투기 및 방공 미사일 전력도 대대적으로 증강했다.

중국 정부의 공식 입장은 아니지만, 한 관변학자가 제주해군기지 건설에 대해 강력히 경고하고 나선 것도 주목할 필요가 있다. 랴오닝성 사회과학원 변강연구소의 뤼차오(呂超) 소장은 〈인민일보〉 자매지인 〈환구시보〉와 그 영문판인 〈Global Times〉 2011년 9월 6일자 칼럼을 통해, 한국이 제주해군기지 건설을 강행할 경우 중국인의 제주 관광 거부 등 보복 조치를 취해야 한다고 주장하고 나섰다. 그는 제주해군기지가 건설될 경우 "미국의 중국 봉쇄와 지역패권을 강화하기 위한 전략적 전초기지가 될 것이 확실하다"며, 특히 제주도가 미국 주도의 MD에 이용될 가능성에 강한 우려를 토로했다. 또한 한·중 양국이 주장하는 배타적 경제수역(EEZ) 안에 있는 이어도 분쟁에 제주해군기지가 이용될 것이라는 우려도 표했다.

뤼 소장은 또한 매년 제주도에 수십만 명의 중국인 관광객들이 다녀오고 있고, 최근에는 제주도에 대한 투자도 물색하고 있다는 점을 상기시키면서 "(해군기지 건설을 결정한) 한국 정부는 이러한 중국인 관광객들과 투자자들의 마음을 고려하지 않았다"고 비난했다. 특히 제주해군기지 건설로 인해 천혜의 관광지가 '이웃을 겨냥한 무기'를 품은 군사 기지로 둔갑하고 있다며, "중국 관광객들은 제주 관광을 거부하고 '군사의 섬'이 중국의 거대한 관광 시장의 지도에서 사라지도록 내버려둬야 한다"고 선동하기까지 했다. 많은 한국인들의 반대에도 불구하고 한국 정부가 제주해군기지를 건설하려는 것은 결국 '중국을 겨냥한 한국의 외교적이고 군사적인 행동'으로 간주될 수밖에 없기 때문이라는 이유를 들면서 말이다.

뤼 소장은 이러한 한국의 행동에 대해 중국 정부는 해군기지 건설을 반대한다는 입장을 한국 정부에 전달해야 하고, 중국 인민들은 관광 거부 등 행동에 나서야 한다고 촉구했다. "오늘날 한국은 중국인 관광을 통해 돈을 버는 동시에 그 관광객들의 고국을 무력을 통해 위협하려고 한다"며, "우리는 한국으로 하여금 이것이 불가능하다는 것을 깨닫게 해야 한다"고 덧붙였다. 그의 칼럼이 선동적이고 한국인의 정서를 자극하는 측면이 있지만, 그가 제기한 문제들은 이미 국내외에서 제기되어왔던 것들이라는 점을 간과해서는 안 될 것이다.

중국이 한일 군사협력 추진에 강한 경계심을 표출하고 나선 것 역시 주목할 필요가 있다. 〈환구시보〉는 2010년 8월 24

일 '일-한 동맹을 조심하라'는 제하의 사설을 통해, "일한 양국이 중국과 북한을 상대로 손을 잡으려고 하는 움직임은 동북아에 매우 위험한 장애를 조성하게 될 것"이라고 경고하고 나섰다. 이 매체는 한일 간의 미래 파트너십이 중국과 북한의 위협에 대처하고 위한 성격이 있다는 일본 언론의 보도를 인용하면서, "이웃과 친구가 되기 위해 또 다른 적을 만들지 말라"고 충고했다. 한일 국방장관 회담이 열린 다음날인 2011년 1월 11일에 〈신화통신〉은 일본이 한반도 위기상황을 자위대의 역할 확대를 포함한 군사적 역량 강화에 이용하고 있다며 경계심을 나타냈다. 〈중국신문〉 역시 같은 날, "마이크 멀린 미 합참의장의 2010년 12월 한일 양국 방문을 계기로 한일 군사협력 논의가 이뤄지고 있다"며, 한일 군사협력 강화가 미국의 요구에 따른 것이라는 분석을 내놓았다.

주목할 점은 이러한 시각이 중국으로부터만 나오는 것이 아니라는 것이다. 미국의 잡지 《성조(Stars & Stripes)》는 2011년 1월 11일자 보도에서 전문가들을 인용해 "한일군사협정의 진정한 목적은 중국에 있다"고 보도했다. 미국의 싱크탱크인 동서연구소의 데니 로이는 "한일 군사협력은 한반도보다 중국에 더 큰 함의를 갖는다"며, 양국 간 군사협력은 중국의 부상을 견제하기 위한 의도에서 비롯되고 있다고 주장했다. 북한은 '무화과 나뭇잎(fig leaf)'에 불과하고 실질적으로는 중국을 겨냥한 '전략적 움

직임'으로 봐야 한다는 것이다.[29]

　다시 제주해군기지 문제로 돌아가보자. 만약 제주해군기지를 미국도 이용하는 상황이 발생하면 중국은 제주도를 겨냥한 군사적 조치에 나설 가능성이 있다. 예상할 수 있는 군사적 조치로는 제주해군기지를 겨냥한 미사일 배치, 공군 및 해군 작전 범위에 제주도 포함, 제주도 인근 수역에서 군사훈련 실시 같은 것들이 있을 수 있다. 중국이 이러한 조치를 취한다면 '중국 위협론'은 더욱 기승을 부릴 수 있고, 이에 대응해 한국, 혹은 한미동맹은 제주도나 그 인근 지역에 공군기지 건설과 같은 군사적 맞대응에 나설 가능성이 제기될 수 있다. 아래 인용한 글은 이러한 시각을 잘 보여준다.

　"제주해군기지 건설과 함께 이미 시기가 너무 늦었다는 평가가 있는 '제주전략항공기지' 건설을 적극 추진해야 한다. 동, 남중국해에서 중국과 일본의 항공 활동을 감시하고 대응하며 이 해역 일대에서 활동할 해군 전력과 한국의 선박을 공중에서 엄호할 항공 전력의 작전반경 확대를 위하여 항공기지를 제주도에 배치할 필요성이 제기되었다. 중국, 대만, 일본을 연하는 동중국해의 '꼭짓점'에 위치한 제주공군기지의 전략적 가치는 한일 공동대륙붕 개발과 통항 선박의 보호와 함께 대양 해군의 근해 진

---

29 *Stars and Stripes*, January 11, 2011.

출을 지원하기 위해서라도 절대적으로 필요하다. 제주공군기지의 전략적 위치에 부응하는 목적으로 공중급유기와 조기경보기의 경유 기지로 사용할 수 있으며, F-15K 전력을 배치할 경우 동중국해의 공중 관할권을 확보할 수 있게 된다. F-15K 전력이 공중급유를 받을 경우, 이 전투기의 행동반경은 남중국해 일부 지역까지 다다를 수 있을 것이다."[30]

'수출로 먹고 산다'는 한국의 무역 의존도에서 중국은 압도적인 비중을 차지하고 있다. 중국에 대한 무역 의존도는 미국과 일본을 합친 것보다 높은 약 24%에 달하기 때문이다. 또한 "해양 수송로가 한 달만 막혀도, 한국은 망할 것"이라는 말이 나올 정도로 동아시아 해양 수송로에 대한 의존도도 대단히 높다. 6자회담 의장국이자 북한에 가장 큰 영향력을 갖고 있는 중국과의 외교안보 관계도 갈수록 중요성이 커지고 있다. 한-미-일 삼각관계가 강화될수록 북-중-러 삼각관계도 강화되는 한반도의 지정학적 특성을 고려할 때, MD를 고리로 한 미국의 동아시아 동맹체제의 강화는 평화적 통일을 더욱 어렵게 만드는 속성도 있다.

---

30 정철호, 《미국과 중국의 동아시아 해양전략과 한국의 해양안보》, 세종연구소, 2012년 2월.

'휘말림'과 '버림받음'의
딜레마

동맹 이론에 '휘말림(연루)'과 '버림받음(방기)'의 딜레마라는 것이 있다. 일반적으로 제3자와 무력 갈등에 있는 동맹국이 군사 지원을 요청할 경우 이러한 딜레마가 발생한다. 동맹국의 요구를 수용하자니 전쟁에 휘말릴 위험이 있고, 동맹국의 요구를 뿌리칠 경우에는 동맹국으로부터 버림받을 우려가 있다. 제주해군기지 문제는 이러한 딜레마를 고스란히 안고 있다. 미·중 간 군사 충돌에 휘말리지 않기 위해 미군의 제주해군기지 사용을 불허한다면, 한미동맹의 파기까지 각오해야 한다. 미국 정부는 한국이 상호방위조약과 SOFA를 위반했다고 할 것이고, 미국 국내에서는 '배은망덕'이라는 단어가 맹위를 떨치게 될 것이기 때문이다.

그렇다고 미국의 기지 사용을 용인하면 중국과의 갈등에 따른 막대한 국익 손실을 감수해야 할 상황이 발생할 수 있다. 국제법적으로도 제3자가 분쟁 중인 어느 한쪽에게 군사적 지원을 하면 다른 한쪽에게는 군사적 적대행위를 한 것으로 간주되고, 군사적 지원에는 영토·영해·영공 제공도 포함된다. 이에 따라 중국은 한국에 대한 외교적 항의에서부터 여행 금지, 무역 보복, 그리고 상황에 따라서는 해양 수송로 봉쇄와 제주해군기지에 대한 군사적 보복까지 취할 수 있다.

미군, 올까 안 올까?

미군도 사용
가능하다

―――――――――

제주해군기지가 우리에게 전략적 위험이 될 수 있다는 주장을
검증하기 위해서 가장 먼저 확인해야 할 사안은 '미국의 이용 가
능성'이다. 이 문제를 명확히 밝히는 것은 제주해군기지와 미국
의 아시아-태평양 전략 및 MD 체제와의 연관성, 그리고 이로부
터 파생되는 미-중 무력 갈등시 한국의 안보 딜레마 격화에 관한
근본 전제에 해당된다는 점에서 아주 중요하다.

먼저 분명히 해둘 점은 제주해군기지는 1차적으로는 한국
의 해군기지라는 것이다. 이에 따라 해군기지 건설에 대해 미국
이나 중국과 결부시켜 문제제기를 하면 "한국의 주권과 국익 수
호를 위해 하는 사업에 왜 미중관계를 끌어들이냐"는 반론을 자
주 듣게 된다. 그러나 미국이 제주해군기지를 기항지로 사용하
고 싶으면 사용할 수 있다는 것도 한미관계의 냉엄한 현실이다.
김관진 국방장관도 2011년 7월 "올 수 있으면 오겠지만 미국 항
모가 (제주기지에) 들어올 것으로 생각해본 적이 없다"고 했다.[31]

이와 관련해 해군 측은 "제주해군기지 건설 사업에는 미군

을 위한 예산이 단 1원도 책정되지 않았다. 또 한미동맹을 위한 미 군함 출입항 기지는 부산과 진해에 이미 마련돼 있다"며,[32] 미국과의 연관성을 부인해왔다. 그러나 제주해군기지 건설에 미국 예산이 투입되지 않는다고 해서 이것이 곧 미국과 무관하다는 것을 의미하지는 않는다. 이는 실제 사례로도 뒷받침된다. 일례로 부산항은 미국 예산이 안 들어갔지만 미 해군의 항공모함과 핵잠수함이 수시로 드나들고 있다. 또한 부산과 진해에 미 군함의 출입항이 이미 있기 때문에 제주해군기지를 이용할 필요가 없다는 논리도 설득력이 없다. 한국 해군이 더 많은 기지를 원하고 있듯이, 미국도 더 많은 기지와 기항지가 필요하다는 입장이기 때문이다.

본격적인 논의에 앞서 한 가지 짚고 넘어가야 할 문제가 있다. 바로 국방부의 이중 플레이다. 국방부는 2011년 8월 국회 예결위에 제출한 자료를 통해 "미 항모 전투전단 제주해군기지 1회 입항시 60억 원의 소비를 기대"할 수 있다고 주장했다. 6000명의 미군이 1인당 하루에 300달러씩 쓰면 이런 계산 나온다는 것이다. 갈수록 쪼들릴 미군이 이렇게 큰돈을 쓸지도 의문이지만, 한중관계를 불안케 할 소지가 크다고 지적당할 때는 안 온다고 하고, 경제적 효과를 부풀릴 때에는 온다고 한다.

31 〈연합뉴스〉, 2011년 7월 20일.
32 〈국방일보〉, 2011년 7월 18일.

제주해군기지 건설시 미국의 이용 문제는 세 가지 차원에서 검토할 필요가 있다. 첫째는 '미국이 쓰고 싶으면 별 다른 제약 없이 쓸 수 있느냐'의 문제이다. 이는 제주해군기지와 미국과의 연관성을 밝히는 데 가장 중요한 사항이다. 이와 관련해 한국 국방부는 "주한미군 주둔군지위협정(SOFA) 규정상 미군이 우리 시설을 활용하려면 관련 정부, 외교통상부의 승인이 필요하다"고 주장한다. 그러나 SOFA 어디에도 이러한 규정은 없다. 후술하겠지만, 미국은 오히려 한국의 모든 항구와 비행장을 사용할 수 있는 법적인 권리를 갖고 있다고 보는 것이 객관적인 사실과 부합한다.

둘째는 '제주해군기지가 미국 항공모함 전단이 기항할 수 있는 형태로 건설되고 있는가'의 문제이다. 이와 관련해 민주통합당 장하나 의원은 2012년 9월 7일 외교·통일·안보 분야에 대한 대정부 질의에서 "제주해군기지는 한국군이 보유하지도 않은 핵추진 항공모함(CVN-65급)을 전제로 설계되었고, 설계 적용은 주한미군해군사령관(CNFK)의 요구를 만족하는 수심으로 계획되었다"고 폭로했다. 또한 해군이 작성한 〈시설공사 시방서〉를 보더라도 "항공모함 접안시 안벽 및 Apron(부두의 화물 이동 공간)상 시설물과 충돌 방지를 위한 적절한 이격거리 필요"하다고 명시하면서 접안 방법으로 "일반적으로 항공모함은 비행갑판(Flight Deck)이 매우 크게 돌출되어 있으므로 부두와의 적절한 이격거리가 필요"하고, "항공모함은 Tug선을 이용한 평행접안을 하며 계류바지를 통하여 접안하는 것이 일반적"이라고 밝혔다. 아울러 항공모함의 선회장은 520m를 기준으로 하는데 이는 제주해군기지 선회장의 직경과 정확히 일치한다.[33] 이는 제주해군기지가 설계 당시부터 미국 항공모함 정박을 전제로 건설되고 있다는 것을 입증해준다.

셋째는 '미국이 제주해군기지를 사용할 것인가'의 문제이다. 이는 사실관계의 영역이라기보다는 앞으로 있을 수 있는 일에 대한 전망과 해석의 영역이다. 이와 관련해 해군기지 건설 찬성 측은 미국이 진해, 부산, 오키나와 등을 이미 이용하고 있기 때문에 제주해군기지를 사용할 이유가 없다고 주장한다. 일각에서는 중국으로부터 제주도가 너무 가까워 사용하지 않을 것이라고 주장한다. 이에 대한 반론도 후술키로 한다.

왜 미국은 제주해군기지를 사용할 권리를 갖고 있는가?

이 질문에 답하기 위해서는 한미동맹의 법적·제도적 측면을 살

---

[33] 장하나 의원실 보도자료, 2012년 9월 11일.

펴볼 필요가 있다. 한미상호방위조약 제4조에는 "미국의 육·해·공군을 대한민국의 영토 내와 그 주변에 배치하는 권리를 한국은 허여(許與)하고 미국은 수락한다"고 되어 있다. 이러한 조약에 따라 체결된 주한미군 주둔군 지위협정(SOFA)에 따르면, 미국이 한국에게 사용을 타진할 수 있는 "'시설과 구역'은 소재의 여하를 불문하고"(제2조.1.[가])라고 되어 있으며, "(미국의) 선박과 항공기는 대한민국의 어떠한 항구나 또는 비행장에도 입항료 또는 착륙료를 부담하지 아니하고 출입할 수 있다"(제10조.1항)고 명시되어 있다. 또한 제10조 2항에서는 주한미군 기지뿐만 아니라 "대한민국의 항구 또는 비행장 간을 이동할 수 있다"고 나와 있다. 아울러 합의의사록 제10조 3항에는 "'적절한 통고'의 면제는, 이러한 통고가 미합중국 군대의 안전을 위하거나 또는 이에 유사한 이유 때문에 요구되는 비정상적인 경우에만 적용된다"고 되어 있다. 정리하자면 미국은 '적절한 통고'를 하면 제주해군기지를 사용할 수 있고, 한국은 이를 거부할 법적인 권리를 갖고 있지 못하다. 더구나 10조 3항에는 '적절한 통고의 면제' 사유까지 담겨 있다.

노무현 정부 때 한미 간에 합의된 '전략적 유연성'과 이명박 정부가 추진해온 '한미 전략동맹'은 제주해군기지가 미국 해군의 기지로도 이용될 수 있다는 우려를 더욱 부채질한다. 전략적 유연성은 주한미군의 해외 차출, 해외 주둔 미군의 한국으로의 유입 및 경유를 위한 것으로서, 한미 양국은 2006년 1월 첫 전략대화에서 이렇게 합의했다. "한국은 동맹국으로서 미국의 세계 군사전략 변화의 논리를 충분히 이해하고 주한미군의 전략적 유연성의 필요성을 존중한다. 전략적 유연성의 이행에 있어서 미국은 한국이 한국민의 의지와 관계없이 동북아 지역 분쟁에 개입되는 일은 없을 것이라는 한국의 입장을 존중한다."

이와 관련해 노무현 정부는 주한미군이 양안 사태 등 동북아 분쟁에 개입하는 것을 불허한 것이라고 설명한 반면에, 미국은 주한미군의 전략적 유연성은 대만 등 동북아 사태를 염두에 둔 것이라고 반박하기도 했다. 이는 전략적 유연성에 대한 한미 간 해석의 차이가 존재한다는 것을 의미한다. 이에 대해 당시 전략적 유연성 협의에 깊숙이 관여했던 이종석 전 통일부 장관은 2007년 9월 26일 KTV 대담에서 이렇게 설명했다.

"대만 사태와 같은 동북아 분쟁이 발생하고 미군이 여기(한국)에서 발진하는 사태가 발생할 것인가의 문제는 대한민국의 그 당시 지도자와 국민이 그걸 원하면 그렇게 될 것이고, 원하지 않으면 그러한 상황은 발생하지 않을 것이다."

이러한 발언은 주한미군의 전략적 유연성 인정이 양안 사태와 같은 동북아 분쟁에 주한미군이 투입되는 것을 불허한 것이라는 노무현 정부의 설명과 거리가 있는 것이다. 또한 국익에 중대한 사안이 걸린 문제를 미래의 정부와 국민들에게 넘긴 것도 문제다.[34] 미래의 한국 정부가 어떤 선택을 할 것인지는 알 수 없는 영역이기 때문이다.

그런데 여기서 주목할 것이 있다. 노무현 정부는 전략적 유연성 합의 당시 미국 군사력의 유출입과 관련해 '사전협의'를 명시하는 데 실패했다는 것이다. 전략적 유연성 협상 당시 정부 안팎에서는 자칫 미국 군사력의 유출입에 한국이 아무런 주권을 행사할 수 없다는 우려가 제기되었다. 이에 따라 참여정부는 '사전협의제'를 미국에 타진했지만, 미국은 이를 거부했다. 자국 군사력의 운용에 타국이 간섭하는 것에 대한 미국의 체질적인 거부감 때문이었다. 그러자 노무현 정부는 궁색한 해명을 내놓았다. 사업협의제가 제대로 작동하지 않는 미일동맹의 예를 들면서 이 제도가 불필요하다는 것이다. 이것이 의미하는 바는 미국이 제주해군기지를 이용하려고 할 경우 '사전승인'이 필요하다는 국방부의 주장은 사실이 아니라는 것이다. 미국 군사력의 유출입과 관련해 한미동맹에는 '사전승인'은 고사하고 '사전협의' 제도도 없기 때문이다.

더욱 큰 문제는 이명박 정부 들어 한미 '전략동맹'이 합의되고 한-미-일 삼각동맹을 추구하면서 그 목적 가운데 하나가 중국 견제에 있다는 것이 분명해지고 있다는 점에 있다. '한미동

---

34 이와 관련해 2006년 2월, 청와대의 한 고위 관계자는 필자의 문제제기에 대해 "앞으로도 자주적이고 민주적인 정권이 집권하면 된다"고 답한 바 있다.

맹 강화'를 대외정책의 최우선 순위로 내세워온 이명박 정부는 미국과 전략동맹을 선언했고, 그 이면에는 북한뿐만 아니라 중국을 견제하고자 하는 의도가 깔려 있다. 조지 W. 부시 대통령은 2008년 4월 이명박 대통령과 함께 '한미 전략동맹'을 선언하는 자리에서 "앞으로 중국과의 관계가 건설적이 될 수도 있고, 파괴적이 될 수도 있다"며, "중국 문제가 한미 양국이 건설적인 방식으로 협력할 수 있는 기회라는 것을 인식하는 것이 21세기 동맹관계에서 대단히 중요하다"고 강조했다. 이는 부시 행정부가 21세기 한미관계를 '전략동맹'으로 격상하는 것을 추진한 핵심적인 이유가 중국에 있다는 것을 의미했다. 이는 오바마 행정부 들어서도 마찬가지이다.

그런데 이러한 '중국견제론'은 미국 측에서만 나온 것은 아니었다. 미국의 전직 고위관료들과 한반도 전문가들로 구성된 '새로운 시작 모임(New Beginning Group)'은 2008년 2월 중순 한국을 방문해, 이명박 대통령 당선자를 비롯한 외교안보 참모들 면담하고 한미동맹 보고서를 작성했다. 이 보고서에서는 한국의 외교안보 참모들이 "중국에 대한 우려를 여러 차례 피력하면서 한미동맹의 강화와 주한미군의 주둔을 통해 중국을 견제할 필요를 제기했다"고 전했다.[35] 한미 전략동맹의 이면에는 한미 양국

---

35 http://ksp.stanford.edu/research/new_beginnings_postelection_prospects_for_usrok_relations/

사이에 북한 위협 대처는 물론이고 중국에 대한 견제 심리가 강하게 깔려 있었다는 것을 알 수 있는 대목이다.

끝으로 한 가지만 더 짚고 넘어가자. 미국은 주한미군 기지는 물론이고 한국군 기지도 한국의 사전승인이나 협의 없이 사용하고 있다는 것이다. 앞서 언급한 것처럼, 미국은 한국 해군기지인 부산항을 자유롭게 사용하고 있다. 또한 2003년에 패트리어트 최신형인 PAC-3를 주한미군 기지인 오산공군기지와 군산기지는 물론이고 한국 공군기지인 수원비행장과 광주비행장에도 배치했었다. 한국 정부에게 '적절한 통고'만 하고 말이다.

미국은 제주해군기지를 사용할까?

두 번째 질문으로 넘어가 보자. 미국은 제주해군기지가 건설되면 이 기지를 사용할까? 앞서 언급한 것처럼, 이 질문에 대한 대답은 사실의 영역이라기보다는 논리적인 추측과 해석의 영역이다. 결론부터 말하면 나는 미국이 사용할 가능성이 상당히 높다고 본다. 이는 '아시아-태평양으로의 귀환'을 선언한 미국 군사전략의 변화, 미국-중국의 동아시아 해양 패권경쟁의 격화, 제주도의 지정학적 위치 등을 종합적으로 검토해 내린 결론이다. 구체적으로 다섯 가지 이유를 들 수 있다.

우선 '태평양 세력'을 자임하면서 아시아로의 귀환을 천명한 미국은 동아시아에 더 많은 기지와 기항지가 필요하다는 것이다. 둘째, 해군력의 60%를 아태 지역에 집중하겠다는 계획은 그만큼 미군 함정이 늘어난다는 것이고 이는 추가적인 기지와 기항지가 필요하다는 것을 의미한다. 셋째, 미국은 한국-오키나와를 포함한 일본-괌을 단일 전장권으로 칭하면서 한국이 이들 지역으로 향하는 탄도미사일 요격에 기여해야 한다고 요구하고 있고 이명박 정부도 이를 수용하고 있다. 그런데 제주도 인근 수역은 오키나와나 괌으로 날아가는 미사일 요격을 시도할 수 있는 최적의 위치이다.

넷째, 미국은 해양 안보와 통항의 자유 확보를 동아시아 해양 전략의 핵심으로 삼으면서 중국과 대결 수위를 높이고 있는데, 제주도는 남중국해-대만해협-동중국해-서해를 잇는 미-중 간의 갈등의 바다에 전략적 요충지에 해당된다. 미군 잡지인《성조》도 제주도는 중국을 견제할 수 있는 "요충지(choke point)이자 전략적 지점(strategic point)"이라고 지적했다.[36] 또한 미 해군 장교 출신으로 국제해양안보센터(CIMS) 소장을 맡고 있는 체니-피터스(Scott Cheney-Peters) 역시 "(제주해군기지) 위치는 한반도의 항구에

---

36 *Stars & Stripes*, August 13, 2012.

한국 해군기지와 제주기지의 전략적 위치

정기적으로 입항하고 있는 미 해군 함정에게 매력적인 기항을 제공한다"고 분석했다.[37] 끝으로 빼놓을 수 없는 장점은 SOFA 규정에 따라 미국이 원하면 제주해군기지에 입항료를 지불하지 않아도 된다는 것이다.

위의 내용을 근거로 미국이 제주해군기지를 사용할 가능성이 높다고 주장한 것에 대해 한국 해군은 이렇게 반박한다.

---

37 Scott Cheney-Peters, South Korea Expands its Naval Bases, *USNI News and Analysis*, July 26, 2012.

"미국은 이미 대만으로부터 330해리 떨어진 일본의 오키나와에 기지를 확보하고 있고, 제주에서 대만까지 560해리임을 고려할 때 미국이 제주해군기지를 이용할 이유가 없다."

김재엽 한남대 국방전략대학원 교수 역시 "유사시 중국의 대만 침공을 막기 위해 미 해군이 항공모함 전단 등을 동원할 경우에도 이미 미군기지가 존재하는 오키나와의 입지조건이 훨씬 낫다. 오키나와에서 대만까지의 거리가 약 330해리인 것에 비해 제주도와 대만의 거리는 무려 560해리나 되기 때문이다"고 주장한다.[38] 해군참모총장 출신인 김성찬 새누리당 의원 역시 "미국은 인근 일본에 이미 해군기지를 갖고 있기"때문에 미국이 제주해군기지를 사용할 가능성은 낮다고 주장한다.[39]

그러나 이러한 주장은 오키나와 미군기지에 대한 무지에서 비롯된 것이다. 오키나와에는 대부분 공군기지와 해병대 기지가 있지, 제주에 건설 중인 대규모의 해군기지는 없는 상황이다. 오키나와 서남부에 위치한 나하항에는 3천 톤 이상의 선박을 정박시킬 수 없고, 이마저도 미국은 2005년 10월 미군 재배치 합의에 따라 일본에게 돌려주기로 되어 있다. 쉽게 말해 오키나와에는 항공모함은 물론이고 이지스함도 정박시키기 어렵다. 반면 제주해군기지는 항공모함, 이지스함, 핵추진 잠수함

38 김재엽, "제주 해군기지는 청해진의 재건", 《신동아》 2011년 10월호.
39 김성동, "從北세력 등의 개입 없었다면 순탄하게 진행됐을 것", 《월간조선》 2011년 12월호.

등 대형 여러 척이 함정이 동시에 계류할 수 있는 규모로 설계되어 있다.

또한 미국 해양 전략의 핵심은 미국 함정을 여러 곳에 분산·순환 배치하는 것이라는 점도 간과해서는 안 된다. 이와 관련해 힐러리 클린턴 국무장관은 《포린폴리시》 2011년 11월호 기고문을 통해 향후 미국 동아시아의 핵심 목표 가운데 하나는 인도양에서 태평양을 관통하는 작전 환경과 해양 수송로 확보에 있다고 지적하면서 "아시아-태평양에서 더 광범위하고 골고루 군사력을 배치하는 것은 (미국에게) 중대한 이점을 제공하게 될 것"이라고 강조한 바 있다.[40] 쉽게 말해 미국이 이용할 수 있는 기항지와 기지는 많으면 많을수록 좋다는 것이다.

노무현 정부 때 동북아시대위원회 위원장으로 재직한 바 있는 문정인 연세대 교수의 주장도 납득하기 힘들긴 마찬가지이다. 그는 "제주기지는 미 해군에 그리 매력적인 시설도 아니다"라며, 그 근거를 아래와 같이 제시했다.

"일단 강정항은 중국과 지나치게 가깝다. 인민해방군의 중거리 탄도미사일 사정권 안에 있는 제주에 최신예 전투기 70여 대 이상을 탑재한 항공모함과 이지스 구축함을 전진 배치할 이유가 전혀 없다. 원자력 추진 항모는 연료 수급을 위해 제주에

---

40 HILLARY CLINTON, America's Pacific Century, *Foreign Policy*, NOVEMBER 2011.

기항할 필요도 없다. 특히 2021년까지 4000억~8000억 달러라는 천문학적인 국방비 감축을 단행해야 하는 미국이 태평양 해군 전력을 증강하기란 어려운 일이다. 따라서 강정이 장차 미 해군의 전략기지화할 수 있다는 우려 역시 현실과 괴리가 있다."[41]

그러나 중국과 가까워서 미군 함정이 제주도에 오지 않을 것이라는 주장은 경험적으로나 논리적으로 설득력이 없다. 미 태평양 함대의 주력부대가 배치된 일본의 요코스카와 사세보 기지 역시 중국의 탄도미사일 사정권에 있기는 마찬가지이다. 아울러 미국이 중국과 가까운 지역에 해군력 투입을 꺼려한다면 부산은 물론이고 서해, 그리고 중국과 국경이 인접한 베트남, 필리핀, 싱가포르, 태국 등에 추가적인 기지와 기항지를 확보하려고 하는 것도 설명하기 어려워진다.

미국이 경제난으로 인해 해군력 증강이 어려울 것이라는 주장 역시 결함이 많다. 우선 미국 국방부의 공식 입장은 경제난에도 불구하고 아시아-태평양 지역의 해군력을 꾸준히 증강시키겠다는 것이다. 이를 실증하듯 미국은 금융위기가 터진 2008년 이후에도 3년간 이지스탄도미사일방어체제(ABMD)를 18척에서 23척으로 늘렸고, 2018년까지는 36척으로 늘릴 예정이다. 물론 경제난으로 인해 해군력 증강에 약간의 어려움은 있을 수

---

41. 문정인, 제주 해군기지 건설 진실찾기, 〈중앙일보〉, 2011년 8월 22일.

있지만, 아태 지역 해군력 증강은 21세기 미국의 핵심적인 전략이자 초당적 합의라는 점에서 큰 틀에서의 변화는 없을 것이라고 보는 것이 보다 타당하다.

오히려 미국의 경제난은 우리에게 더 큰 부담으로 다가올 공산이 크다. 한미동맹을 중국을 겨냥한 지역동맹으로 재편하길 원하는 미국은 경제난을 이유로 한국이 중국 견제 및 봉쇄에 더 큰 역할을 해달라고 주문할 가능성이 있다. 미국이 최근 한-미-일 삼각동맹을 노골적으로 추진하고 있는 것도 이러한 맥락에서 이해할 수 있다. 또한 미국 함정이 비동맹국 항구에 정박할 경우에는 사전협의를 거쳐 입항료를 지불해야 하지만, 한국의 항구를 이용할 때는 입항료를 지불할 필요가 없어 제주해군기지가 건설되면 더욱 매력적인 기지가 될 수도 있다.

Part.
7

제주해군기지와 '신의 방패'

해상 MD 체제
전초기지의 가능성

이지스(Aegis)는 그리스 신화에서 제우스가 그의 딸 아테나에게 준 '신의 방패'를 의미한다. 미국은 이러한 신화를 구현하기 위해 이지스함을 만들었다. 주된 임무는 적의 항공기나 순항 미사일로부터 항공모함을 비롯한 아군 전력을 방어하는 것이다. 그리고 여기에 탄도미사일방어(MD) 기능까지 부가해 '신의 방패'로서의 위용을 확고히 하려 한다. 그런데 제주해군기지와 미국과의 연관성과 관련해 가장 오랫동안 논란이 되어왔던 사안이 바로 이지스함을 이용한 MD 문제이다.

둘 사이의 잠재적 연관성을 최초로, 그리고 지속적으로 제기해왔던 나는 2005년 4월 4일 〈오마이뉴스〉 기고문을 통해 이렇게 주장했다. "제주해군기지가 건설되면 대만을 포함한 동아시아 MD 체제에서 탄도미사일 요격이 가능한 스탠다드미사일-3(SM-3) 장착 이지스함을 동아시아에 대거 배치하려는 미국의 계획과 맞물려 제주도가 미국 주도의 해상 MD 체제의 전초기지가 될 가능성이 높다."

만약 이러한 우려가 현실화된다면, "미국 MD에 참여할 계획이 없다"는 한국 정부의 공식적인 입장과 정면으로 배치될 뿐만 아니라, 동아시아 군비경쟁과 신냉전에 한국이 깊숙이 빨려 들어갈 우려도 커지게 된다. 이러한 우려를 일축하듯, 국방부는 줄곧 "한국은 미국으로부터 MD 참여를 요청받은 바도 없고 참여할 계획도 없다"며 해군기지 건설과 MD의 무관성을 주장해 왔다.

이러한 입장 차이는 현재진행형이다. 해군은 최근에도 "MD 편입에 대해서는 어떠한 국가적 의사결정이 없다. 더불어 제주기지에 정박할 (한국의) 이지스 구축함은 요격 능력이 없어 MD 편입이 불가능하다. 이러한 사실은 전 정부와 현 정부가 수차례 밝힌 바 있다"고 주장한다.[42] "노무현·이명박 정부 모두 한결같이 미국 주도 MD 체제에 동참하지 않겠다는 공식 입장을 여러 차례 밝혔다"는 말도 덧붙인다.[43] 그러나 이러한 군 당국의 해명은 '손바닥으로 하늘을 가리는 격'이다. 정부와 군 당국의 해명과는 달리, 한-미 간의, 더 나아가 한-미-일 간의 MD 협력은 가속화되어왔다는 것이 진실에 훨씬 가깝다. 제주해군기지와 MD와의 연관성도 마찬가지이다.

---

42 〈국방일보〉, 2011년 7월 18일.
43 〈한겨레〉, 2011년 7월 28일.

MB 정부 초기부터
MD 참여

한국의 MD 편입과 관련해 주목할 점은 이명박 정부 초기부터 사실상 MD 참여를 선택했다는 사실이다. 이명박 정부는 MD 논란이 불거질 때마다 "참여 계획이 없다"거나 "한국형 MD(KAMD: Korea Air and Missile Defense)를 추진하는 것"이라고 해명해왔다. 그러나 위키리크스가 공개한 비밀 자료에 따르면 이명박 정부는 2008년 가을 미국과 MD 기구 창설에 합의했다. 2008년 11월 4일 주한 미대사관이 작성한 비밀문서에는 2008년 9월 10일 서울에서 열린 안보정책구상(SPI) 회의에서 "그들(SPI 한국 측 파트너들)은 MD 프로그램 분석팀 창설에 동의했다"고 나와 있다. 한국 측 대표로 전제국 국방부 정책실장이, 미국 측 대표로 데이비드 세드니(David Sedney) 국방부 동아시아 담당 부차관보가 참석했는데, 이와 관련된 전문은 아래와 같다.

"전제국 실장은 한국이 MD 프로그램 분석팀을 위한 정책 지침을 제공할 고위급 실무 그룹을 창설하자는 미국 측 제안을 검토하고 있다고 말했다. 그러나 전 실장은 우선 프로그램 분석팀을 먼저 가동하고 만약 이 팀의 활동을 감독할 정책 수준의 필요성이 생기면 한국 국방부는 고위급 실무 그룹 창설에 대해 재평가할 것이라고 제안했다. 한국 국방부는 프로그램 분석팀이 한국 국방부와 합참의 단기적인 보직 이동에 의해 영향을 받지 않고 지속성을 확보하기 위해 과학자들 주도의 연구 그룹이 되어야 한다는 점에 동의했다. 전 실장은, 한국의 프로그램 분석팀은 연구기관, 한국국방연구원(KIDA), 국방부, 합참, 그리고 각군의 미사일 전문가들 1명씩 모두 7명으로 구성될 것이라고 말했다. 전 실장은 첫 단계로 팀 구성과 실무 그룹을 위한 로드맵을 선택할 연락 채널을 구축하는 것이 되어야 한다고 제안했다. 세드니는 미사일방어국(MDA) 첫 회의를 2008년 10월 하순 워싱턴에서 열자고 제안했다."

　이 외교 전문 내용을 입증하듯, 이명박 정부 들어 한미 간의 MD 협력은 '은밀히, 빠르게, 그리고 깊숙이' 이뤄져왔다. 2010년 10월 22일 당시 김태영 국방장관은 국방부 국정감사에서 한·미가 '확장억제정책위원회' 설치를 합의하면서 미국이 요구하는 MD 체제에 가입하는 것이 조건이었는가에 대한 질의에 대해, "MD 문제도 같이 검토한다"고 답했다. 이명박 정부가 MD 참여 수준을 밟고 있다는 의혹을 사기에 충분한 발언이었다. 논란이 커지자 국방부는 다음날 해명 자료를 통해 "미국의 지역 MD에 우리가 참여하는 것을 의미하는 것은 아니며, 하층 방어 위주의 한국형 미사일방어체제(KAMD)를 구축하되 주한미군과도 북한 탄도미사일 위협에 효과적으로 대응하기 위해 정보 공유, 가용자산 운용 등에서 협력을 강화해나가겠다는 것을 의미한다"고 주장했다. 한마디로 미국과의 MD 협력은 강화하되, 그것이 미국 주도의 MD 참여나 편입은 아니라는 의미였다.

그러나 이러한 이명박 정부의 해명은 설득력이 없다. 명목상으로는 MD 참여를 부인하고 있지만, 실질적으로는 MD 체제에 더욱 깊숙이 편입되고 있는 징후가 곳곳에서 포착되고 있기 때문이다. 우선 한국은 이미 미국과 합동 해상 MD 훈련을 벌인바 있다. 양국 해군은 2010년 7월 초 합동 미사일 요격 훈련을 실시했다. 한국의 이지스함인 세종대왕함이 적의 탄도미사일을 추적해 그 위치정보를 미국 해군에 제공하자 미국 이지스함이 SM-3 미사일을 발사해 명중시켰다는 것이다. 이는 세종대왕함이 탄도미사일 발사를 탐지·추적할 수 있는 능력은 있지만, 탄도미사일을 요격할 수 있는 SM-3를 장착하지 않았기 때문이다. 한국 국방부가 말한 정보 공유와 가용자산 운용이 이미 이뤄지고 있던 셈이다.

2011년 들어서 한국의 미국 MD 편입 징후는 더욱 짙어졌다. 이는 미국 국방부 고위관료들이 미 상원 청문회에서 밝힌 내용이 국내에 알려진 것이 계기가 되었다. 브래들리 로버츠(Bradley Roberts) 국방부 핵·미사일 방어 정책 담당 부차관보는 4월 13일 청문회에서 이렇게 말했다. "우리는 한국과 양자 MD 협력 문제를 논의해왔고 최근에는 한국이 미래의 MD 프로그램의 유용성에 대해 결정을 내릴 수 있도록 한미 양국이 요구 분석을 수행할 수 있는 약정(Terms of Reference)과 협정에 서명했다."

같은 청문회에 출석한 패트릭 오라일리(Patrick O'Reilly) 미사일방어국(MDA) 국장도 "MDA는 현재 20개 이상의 국가들과 MD 사업, 연구, 분석을 진행하고 있다"며, 한국도 여기에 포함된다고 밝혔다.

이처럼 미국 정부 고위관료들의 발언 내용이 알려지자, 이명박 정부는 약정은 미국의 미사일방어국(MDA)과 한국국방연구원(KIDA) 사이에 공동연구를 위한 것으로써 2010년 9월에 체결된 것이라고 해명했다. 그러면서 "현재로선 국방부 산하기관 연구로 시작했지만 연구 결과가 나오면 국방 당국 차원의 협의를 진행하게 될 것"이라고 설명했다. 한미 간에 약정이 체결된 지 7개월 동안 숨기다가, 미국 정부가 먼저 말하자 이를 확인해준 셈이다. 그런데 2008년 9월에 구성키로 합의한 'MD 프로그램 분석팀'은 단순히 양국 연구기관뿐만 아니라 국방부와 각군 관계자까지 참여하는 것으로 되어 있고, 또한 창설 시점도 MDA-KIDA 약정 체결 시점보다 약 2년이 빠르다. 이명박 정부가 MD와 관련된 한미 간의 논의를 은폐·축소하고 있다는 강한 의구심이 드는 대목이다.

더욱 주목할 점은 MD에 관한 한미 간 '밀실' 협의가 한국을 넘어선 차원까지 거론되고 있다는 것이다. 《신동아》 2011년 6월호 보도에 따르면 "괌이나 오키나와의 미군기지에 미사일이 발사되는 경우에도 한국군이 이를 대신 요격해주는 콘셉트가 여러 차례 도출됐다"고 한다. 적어도 개념 수준에서는 한미 MD 협력이 이미 한반도를 넘어서 동아시아 지역으로 확대되고 있었다는 것을 강력히 시사해주는 대목이다. 동시에 미국이 한반도 유사시 '한국-일본-미국 태평양 사령부 기지(괌과 하와이)는 단일 전장권'이므로, 한국도 주한미군은 물론이고 주일미군을 비롯한 태평양 사령부를 방어하는 데 기여해야 한다는 논리를 앞세워 사실상(de facto)의 한-미-일 삼각동맹을 추진하려는 의도도 잘 보여준다.

이명박 정부가 2012년 6월 국회와 국민 몰래 추진했다가 들통이 나 홍역을 치렀던 한일군사정보보호협정 논란도 이러한 맥락에서 이해할 수 있다. 주지하다시피 미국은 한일 군사협력 강화를 강력히 선호해왔다. 그 핵심적인 이유는 하와이의 아시아-태평양 안보연구센터의 제프리 호닝(Jeffrey W. Hornung) 교수가 일본의 영자지 〈Japan Times〉 6월 18일자에 기고한 글에 잘 드러난다.

"(한일) 두 나라는 북한의 미사일 위협에 직면해 있기 때문에, 군사비밀보호협정은 (한-미-일) 3자 미사일방어(MD) 협력을 위한 조치를 발전시키는 데 결정적으로 중요하다."[44]

---

[44] JEFFREY W. HORNUNG, Lost chance for Tokyo-Seoul security relations, *The Japan Times*, June 18, 2012.

미국이 한일군사정보보호협정을 한-미-일 MD의 필수 조건이라고 생각하는 이유는 위키리크스가 폭로한 에드워드 라이스(Edward Rice) 주일미군 사령관의 발언에서도 잘 나타난다. 2009년 7월 16~17일 도쿄에서 열린 차관보급 한-미-일 3자 국방회담(U.S.-Japan-ROK Defense Trilateral Talks)에서 라이스 사령관은 "정보 공유가 미-일, 미-한 양자 사이에서 배타적으로 이뤄지고 있기 때문에 MD에 차질을 빚고 있다"고 지적했다. 그러면서 "공유된 지식과 능력으로부터 나오는 중요한 장점들과 함께 3자 정보 공유가 이뤄지면 더욱 효과적인 MD가 가능하다"고 주장했다.[45] 이러한 입장은 주일 미국 대사관이 3자 간 정보 협력에 대해 "다른 분야에서의 효과적인 협력을 위한 선도적 조치(precursor)"라고 평가한 것에서도 거듭 확인할 수 있다. 한일군사비밀보호협정은 애초부터 한-미-일 군사협력의 맥락에서 추진되어온 것이고, 이에 따라 한국이 다른 나라와 맺고 있는 협정과는 질적으로 차이가 있을 수밖에 없다는 것을 보여준다.

위키리크스가 폭로한 2009년 7월 한-미-일 국방회담 결과를 담은 주일 미국 대사관 외교 전문에는 이런 내용도 있다. 미국 측 수석대표인 마이클 쉬퍼(Michael Schiffer) 국방부 동아태 담당 부차관보는 북한의 향후 도발은 북방한계선(NLL)과 비무장지

45 http://www.wikileaks-kr.org/dokuwiki/09tokyo1879

대(DMZ)뿐만 아니라 "일본이나 괌을 겨냥할 수 있다"며, 3자 대화에는 이러한 시나리오도 포함되어야 한다고 주장했다. 이에 대해 한국 측 수석대표인 김상기 국방부 정책실장은 "쉬퍼의 평가에 동의한다면서 한국을 겨냥한 위협에만 초점을 맞추는 것은 현명하지 못하다"고 말했다. 이때다 싶었던 미 태평양사령부 전략기획(J-5) 참모장 랜돌프 알레스(Randolph Alles) 중장은 2009년 12월 9일 하와이 인근에서 예정된 MD 실험을 한일 정부가 참관할 것을 제안했다. 이에 대해 일본 측은 적극적인 지지 의사를 밝혔고, 김 실장은 한국으로 돌아가면 긍정적으로 검토하겠다고 답변했다.[46]

이 대화 내용이 중차대한 이유는 이명박 정부 출범 이후 한미 MD 대화 및 협력의 본질을 들여다볼 수 있기 때문이다. 쉬퍼 부차관보는 북한의 도발 범위가 일본이나 괌까지 확대될 수 있어 공동 대응이 필요하다고 말했는데, 이는 한반도를 벗어난 북한의 탄도미사일 위협에도 한-미-일이 함께 대처해야 한다는 의미를 담고 있다. 미국은 한반도 유사시 주한미군은 물론이고 주일미군과 태평양 사령부도 북한의 미사일 공격 대상이 될 수 있다며, 한국도 '지역 MD'에 적극 참여해야 한다는 주장을 펴왔다. '한국-오키나와를 포함한 일본-하와이와 괌'은 사실상 단일 전

---

46 http://www.wikileaks-kr.org/dokuwiki/09tokyo1882

장권이라는 논리이다. 그리고 김상기 정책실장도 이에 적극 동조하는 모습을 보였다. 이러한 양측의 인식 공유는 한미 MD 협력 범위가 오키나와 및 괌까지 확대되는 결과를 초래하고 있다. 앞서 소개한 《신동아》의 보도 내용은 이러한 분석을 강력히 뒷받침한다. 또한 2010년 7월 초에 한미 양국 해군의 합동 MD 훈련이 실시되었는데, 이는 알레스 중장이 말한 미국 MD 실험에 한국군의 '참관'하는 것보다 훨씬 높은 수준의 MD 협력이 이미 이뤄져왔다는 것을 의미한다.

미국이 한-미-일 군사협력의 핵심을 MD로 간주해온 것은 핵심 관계자들의 공개된 발언을 통해서도 거듭 확인할 수 있다. 미 국방부 핵·미사일방어 정책 담당 부차관보인 브래들리 로버츠(Bradley H. Roberts)는 2012년 3월 12일 미 하원 청문회에서 "미국은 일본·호주 및 일본·한국과 3자 대화에 참여하고 있다. MD는 이들 대화에서 다뤄지고 있는 주제다. 이러한 3자 대화는 국제적인 MD 협력을 확대하고 지역 안보를 강화하며 동맹국의 능력을 향상시키고자 하는 미국의 노력의 핵심적인 요소"라고 말했다.[47] 3월 하순에 미 국방부 산하 미사일방어국(MDA) 주최로 열린 토론회에 참석한 매들린 크리던(Madelyn Creedon) 국방부 글로벌 전략담당 차관보도 '유럽 MD'와 흡사한 지역 MD 시스템을

---

47 http://armedservices.house.gov/index.cfm/2012/3/fiscal-year-2013-national-defense-authorization-budget-request-for-missile-defense

아시아와 중동에도 구축할 예정이라고 밝혔다. 그러면서 아시아에서는 한-미-일과 미-일-호주 두 축으로 3자 대화를 하고 있다고 덧붙였다.[48]

이처럼 미국이 한-미-일 삼각 MD 체제를 추진하려는 의도는 미국 국무부의 프랭크 로즈(Frank Rose) 부차관보의 발언에서 잘 드러난다. 그는 2010년 9월 하순 도쿄 연설을 통해 "아시아에서 일본과 한국은 이미 중요한 MD 파트너들"이라고 일컬으면서 양자 협력을 넘어선 다자 간 MD 협력의 필요성을 강조했다. 미국 고위관료가 한국을 일본과 함께 '이미 중요한 MD 파트너'라고 언급한 것은 대단히 이례적이었다. 로즈 부차관보는 특히 한국을 포함한 다자적 접근이 세 가지 이유에서 필요하다고 주장했다. '정치적으로는' 적의 위협에 대한 공동의 대응 능력을 강화시켜주고, '운용상으로는' 데이터와 요격미사일 공유 등의 방식으로 MD 작전 능력을 증진시켜줄 것이며, '재정적으로는' MD 동맹국들 사이의 중복투자를 줄여 비용 절감형 MD를 구축할 수 있다는 것이다. 한-미-일이 함께 MD를 하면 적의 미사일 위협에 공동 대처가 가능하고, 작전상의 효율성도 증대시킬 수 있으며, 경제성도 높일 수 있다는 의미이다.

이러한 한미, 혹은 한미일 간의 MD 대화는 '포괄적인 연합

---

48 Reuter, March 26, 2012.

방어'로 귀결되었다. 2012년 6월 14일 발표된 한미 외교/국방장관(2+2 회담) 공동선언에는 "북한의 점증하는 미사일 능력에 대응하여, 양측 장관들은 미사일 위협에 대한 포괄적인 연합 방어태세(comprehensive and combined defenses)를 강화하는 방안을 모색하기로 하였다"는 내용이 담겨 있다. 이를 두고 국방부는 "'한국형 미사일방어체제(KAMD)'는 '미국의 MD 체제'와는 분명히 다른 별개의 체제이고, 이를 통합할 계획은 없다"고 해명했다. 2+2회담 공동성명에 담긴 내용은 "한반도 내에서 북한의 탄도 미사일을 방어하기 위한 KAMD를 강화하기 위해 북 미사일 탐지, 식별 단계에서 미국의 정보 지원 및 관련 정보 공유를 효과적으로 협력하겠다는 의미" 정도라는 것이다.

국방부를 비롯한 이명박 정부가 미국 MD에의 편입, 혹은 참여를 한사코 부인해온 것은 새삼스러운 일은 아니다. 그러나 위에서 설명한 것처럼, 이명박 정부는 은밀히 미국 주도의 MD에 편입되는 길을 선택해왔다. '2+2 회담' 공동성명에 담긴 '연합(combined)'라는 표현은 사실상 주한미군과 한국군의 MD 능력을 '일체화'하겠다는 의미를 내포하고 있다. 2008년 3월 초 미국 의회 청문회에 출석한 버웰 벨 주한미군 사령관의 발언은 이러한 분석을 강력히 뒷받침한다. 그는 한국이 독일로부터 PAC-2를 도입하기로 한 것은 "(이제) 시작"이고, 한국이 미국과의 협력 및 미국 시스템과 완전히 통합되는 MD 능력을 갖추는 것은 한국의 이익이라면서, "나는 강하게 그렇게 요구하고 있다"고 말했다. 또한 "한국은 조속히 미국의 시스템과 완전히 통합될 수 있는 한국형 전역미사일방어(TMD) 시스템을 갖춰야 한다"고 강조했다.[49] 한 달 뒤인 4월 3일 인준 청문회에 출석한 월터 샤프 주한미군 사령관 내정자 역시 "(한국은) 미국의 시스템과 통합 절차를 밟기 시작할 것이다"고 말했다. 한국이 KAMD를 추진하더라도 미국 MD 시스템과 통합되어야 한다는 의미였다.

이를 뒷받침하는 구체적인 증거도 속속 확인되고 있다. 우선 "한미 외교·국방장관은 주한미군의 작전통제소와 KAMD의 작전통제소(AMD-Cell)를 군사정보 교환 네트워크인 링크-16으로 내년(2013년)에 연결"하기로 합의했다. 이는 패트리어트를 주요 기반으로 한미 MD 작전이 일체화된다는 의미를 담고 있다. 또한 2012년까지 한국의 패트리어트 시스템도 PAC-2 미사일에서 PAC-3로 대체하기로 했다. 이와 관련해 〈내일신문〉은 군 소식통을 인용해 "미국이 한반도에 PAC-3 전용 미사일을 추가로 배치해 한국도 함께 사용할 수 있도록 했다"며 "이를 위해 국방과학연구소(ADD)가 연말까지 기존 요격시스템을 개량, PAC-3 미사일을 발사할 수 있도록 할 계획"이라고 보도했다.[50]

---

49 B. B. Bell, Commander of U.S. Forces Korea, Testimony before the Senate Armed Services Committee, March 11, 2008.
50 〈내일신문〉, 2012년 9월 6일.

또한 2+2 회담 공동성명에 명시된 '포괄적(comprehensive)'이라는 표현은 일본을 포함한 '지역 MD' 구축 의도를 드러낸 것이라고 볼 수 있다. 실제로 미국 정부는 2012년 초부터 한국, 일본, 호주 등 동맹국들과 '동아시아 지역 MD' 구축에 박차를 가하고 있다고 말하고 있다. 2+2 회담을 전후해 한일군사정보보호협정 체결을 추진한 것도 이러한 맥락에서 이해할 수 있다. 한일군사협정 체결은 이지스함에 기반을 둔 한-미-일 MD 체제 구축의 필수조건으로 간주되기 때문이다.

기실 이명박 정부는 인수위원회 시설부터 미국 주도의 MD 참여를 적극 고려했었다. 대선 후보의 핵심 브레인이었던 김우상 연세대 교수는 2007년 12월 말 "굳이 MD 체제 참여에 문을 닫아놓을 필요는 없다"고 말했다. 청와대 대외전략비서관으로 발탁된 김태효 역시 2007년 12월 26일 〈동아일보〉와의 인터뷰에서 "이명박 당선자가 외교 환경 및 국내 여론을 고려하면서 MD 참여를 전향적으로 검토할 것"이라고 말했다. 그러나 이명박 정부는 주변국과 국민들의 반발을 고려해 은밀히 참여하는 길을 걸어왔다. 이와 관련해 《신동아》(2008년 3월호)가 보도한 당시 대통령직 인수위원회 핵심관계자의 아래 발언은 시사하는 바가 대단히 크다.

"이름을 반드시 MD라고 붙일 필요도 없고, 명시적으로 참여를 선언할 필요도 없다. '작은 MD'건, '포괄적 MD'건 간에 우회적인 방식으로 미사일 방어에 관한 기술을 습득하고 그 장점을 취하면 되는 것이다. 한국 역시 북한이나 주변국의 미사일 위협에 노출돼 있으므로 어떤 식으로든 대비책이 필요한 것 아닌가. 잠정적으로 미국의 MD 네트워크에 협조하면서 외형적으로는 '자체적인 대비책'이라는 명분을 세우면 주변국과의 마찰을 최소화할 수 있다고 본다. 시민단체 등의 반대도 마찬가지다."

제주해군기지는 MD용으로 부적합?

제주해군기지가 한미, 혹은 한미일 MD용 기지로 이용될 가능성을 제기하면 군 당국은 물론이고 많은 군사 전문가들도 손사래를 친다. 우선 해군은 "제주기지에 정박할 이지스 구축함은 요격 능력이 없어 MD 편입이 불가능하다"고 주장한다. 한국이 현재 보유한 이지스함에는 SM-3 미사일이 아닌 SM-2 계열의 미사일이 장착되어 있기 때문에,[51] 한국 해군이 독자적인 탄도미사일 요격 능력이 없다는 것은 맞는 말이다. 일단 여기서 주목되는 것은 한국의 SM-3 도입 가능성이다. 이와 관련해 로이터 통신은

---

51. 참고로 SM-2는 근접 폭발 방식을 채택한 미사일로 주로 항공기나 속도가 느린 순항 미사일 요격용이고, '맞춰서 요격하기(hit-to-kill)' 방식을 채택한 SM-3는 초고속으로 비행하는 탄도미사일 요격용으로 개발된 것이다.

이지스 전투체계 생산 회사인 록히드마틴의 핵심 관계자가 "3척의 이지스함을 보유한 한국도 MD 구성을 위해 필요한 (일본과) 유사한 업그레이드 문제를 미국 해군과 협의해왔다고 '매우 확신 (pretty sure)' 한다"고 말했다고 보도했다.[52] 여기서 유사한 업그레이드란 한국 해군이 SM-3 미사일을 도입해 이지스함에 장착하는 것을 의미한다. 만약 한국도 SM-3를 도입하면 미국 주도의 동아시아 MD에 더더욱 편입되게 된다.

설사 SM-3를 도입하지 않더라도 이것이 곧 미국 MD로의 편입과 무관하다는 것을 의미하지는 않는다. 미국 MD 체제로의 편입은 다양한 수준이 있다. 여기에는 패트리어트 최신형인 PAC-3와 SM-3 미사일을 장착한 이지스함을 보유한 일본처럼 '높은 수준'의 참여를 하는 나라도 있고, 유럽의 루마니아처럼 미국에게 영토·영해·영공을 MD 작전에 사용할 수 있도록 허가하는 협정을 맺는 '낮은 수준'의 참여를 하는 나라들도 있다. 한국의 경우에는 현재 이 중간에 해당된다고 할 수 있다. 이미 오산공군기지 등 한국의 서남부 지역에는 PAC-3와 관련 레이더 및 본부가 배치되어 있고, 위에서 설명한 것처럼 한미 군 당국은 MD 공동 연구 및 해상 공동 MD 실험도 실시했기 때문이다. 미국 정부가 한국을 핵심적인 MD 협력 국가로 분류하고 있는 것

---

52 Reuters, August 15, 2012.

도 이러한 맥락에서 이해할 수 있다.

더욱 주목할 점은 MD에 관한 한미 간의 '밀실' 협의가 한국을 넘어선 차원까지 거론되고 있다는 것이다. 앞서 설명한 것처럼, 한미 양국은 오키나와와 괌까지 MD 작전 범위를 넓히기로 했고, 한-미-일 3자 MD도 추진 중이다. 그런데 지도를 펼쳐보면 알 수 있듯이 제주도 인근 해역은 오키나와와 괌으로 날아가는 미사일의 요격을 시도할 수 있는 최적의 전략적 요충지이다. 또한 ABMD는 이동식 시스템이라는 점에서 대만해협 위기 발생시 대만 방어를 위해 투입될 가능성도 있다. 미국이 노무현 정부 때 전략적 유연성을 추진한 핵심 목적이 양안 사태 개입이 있었다는 점이나, 일본이 필요할 경우 자국의 이지스함을 서해 남방에 배치할 수 있다는 입장을 피력한 것은 이러한 우려가 결코 근거 없는 것이 아님을 보여준다.

이러한 흐름은 제주해군기지를 더더욱 미국 해군 및 MD와 연관시켜 생각할 수밖에 없게 만든다. 한국 해군이 독자적으로 이지스함에 SM-3를 도입·장착해 오키나와나 괌으로 향하는 미사일을 요격한다는 시나리오는 가능성은 제쳐두더라도, 미국 해군이 제주해군기지를 ABMD의 중간기지로 활용하고, 한국 해군이 미국 MD 작전에 정보 제공 등 공동보조를 맞춰나갈 가능성은 얼마든지 있다. 2010년 7월 한국 해군이 미군과 해상 MD 훈련도 실시한 것은 이러한 전망이 지나치지 않다는 것을 보여준다. 이미 평택미군기지가 미국 '지상' MD의 거점이 되고 있는 상황에서, 제주해군기지 건설이 강행되면 이 기지가 미국 '해상' MD의 중간기지가 될 가능성이 높은 것이다.

이러한 분석과 관련해 "MD는 위성을 비롯한 지상·해상·공중의 레이더 체계와 탐지된 정보를 융합 처리할 수 있는 통제체제, 그리고 최종적으로 요격할 수 있는 미사일 방어체계까지 갖추어야" 하는데, 미국이 제주해군기지를 자국 이지스함의 기항지로 이용할 가능성만 가지고, 제주해군기지가 미국 MD의 중간기지로 이용될 것이란 우려를 제기하는 건 과도한 측면이 있다는 반론이 제기될 수 있다. 그러나 ABMD는 탄도미사일 발사 탐지 및 추적 기능과 발사통제장치, 그리고 추적기를 장착한 SM-3라는 요격미사일을 탑재하고 있어 자체적으로 '완결된 MD' 체계라고 볼 수 있다.

물론 이지스함의 SPY 계열 레이더의 최대 탐지 범위가 약 1000km이기 때문에, 제주해군기지에 배치된 이지스함이 북한이나 중국에서 오키나와나 괌으로 발사된 탄도미사일을 조기에 탐지하는 것에는 한계가 있다. 그러나 미국은 이러한 한계를 극복할 수 있는 다양한 정보 자산을 확보하고 있다. 미국은 이미 한국과 일본에 이동식 조기경보 레이더인 '합동 전술 지상기지(Joint Tactical Ground Station)'를 배치했는데, 이지스함은 이 레이더로부터 탄도미사일 발사 탐지 및 추적 정보를 제공받을 수 있다. 또한 이동식 해상 X-밴드 레이더, 첩보위성인 '방위 지원 프로그램(Defense Support Program, DSP)', DSP보다 탄도미사일 탐지 능력이 훨씬 강력한 '우주 배치 적외선 시스템(Space-Based Infrared Systems, SBIRS)' 등을 배치하고 있어, ABMD의 탄도미사일 발사 조기 탐지 및 추적 능력의 한계를 보완하고 있다. 더구나 미국은 제주도와 인접한 일본 남부에 X-밴드 레이더 배치하기로 했는데, 이 레이더 역시 이지스함에 적의 탄도미사일 발사 탐지 및 식별 정보를 제공할 수 있다.

MD를 미국 본토 방어용으로 동일시하면서 제주해군기지와 MD와의 무관성을 강조하는 주장도 있다. 한남대의 김재엽 교수는 "분명한 것은 제주해군기지가 미 해군을 위한 전초기지로 사용되기에는 그다지 큰 가치가 없다"며 그 근거를 다음과 같이 주장했다. "제주도는 MD 차원에서 미국 본토를 겨냥하는 북한, 중국의 대륙 간 탄도미사일(ICBM) 수준 장거리미사일에 대한 발사단계 요격(Boost Phase Interception)을 위한 이지스 방공구축함 배치지점으로 적합하지 않다. 북한이 발사하는 탄도미사일은 남해가 아닌 동해를 경유해 비행하고, 중국의 경우 아예 한반도보다 훨씬 북쪽 방향에서 발사되어 비행하기 때문이다."[53]

이러한 주장은 MD에 대한 몰이해에서 비롯된 것이다. 우

---

53 김재엽, 제주 해군기지는 청해진의 재건, 《신동아》 2011년 10월호.

선 MD는 개념적으로 미국 본토 방어용과 해외 주둔 미군 및 동맹국 방어용 두 가지로 나뉜다. 그리고 미국이 한국에게 참여를 요구해왔고 이명박 정부가 국민 몰래 참여해온 MD는 바로 '지역 MD'이다. 미국 본토 방어용은 주로 ICBM을 겨냥하고 있고, 지역 MD는 중단거리 탄도미사일을 요격하기 위해 고안된 것이다. 이에 따라 MD를 ICBM 요격용과 동일시하면서 한국이 미국 주도의 MD에 참여하지 않고 있다거나 제주해군기지가 MD용으로 부적합하다는 주장은 사실관계와도 맞지 않는다.

"북한이 발사하는 탄도미사일은 남해가 아닌 동해를 경유해 비행하고, 중국의 경우 아예 한반도보다 훨씬 북쪽 방향에서 발사되어 비행"한다는 주장도 문제가 있다. 북한은 동해인 무수단리에 이어 서해인 평안북도 동창리에도 장거리 로켓 기지를 만들었고 2012년 4월에는 광명성 3호 발사를 시도했다가 실패한 바 있다. 그런데 옆쪽 지도에서도 확인할 수 있듯이 '광명성 3호'의 예정 궤도는 미국 주도의 동아시아 해상 MD의 방어권인 오키나와, 대만, 괌의 주변을 통과한다. 그리고 제주 남방 해역은 그 중간에 해당된다. 제주해군기지가 건설되면 미국 주도의 해상 MD의 중간기지로 활용될 수 있다는 주장은 이러한 지리·군사적 분석에 기반을 두고 있는 것이다. 또한 중국은 북부뿐만 아니라 산둥반도 및 서남부 해안에도 탄도미사일을 배치하고 있다.

일각에서는 MD가 공격용 미사일도 아니고 방어가 목적인

데 무엇이 문제냐는 반론도 제기한다. 그러나 MD의 문제점은
한두 가지가 아니다. 우선 MD는 그 본거지인 미국에서 군산복
합체에게는 '황금알을 낳은 거위'로, 납세자에게는 '돈 먹는 하
마'로 불릴 정도로 엄청난 예산이 소요된다. 한국의 경우에도 사
업 규모에 따라 비용은 달라지겠지만, 본격적으로 MD를 추진할
경우 수십조 원대의 예산 낭비가 불가피해진다. 한국이 독일로
부터 구매한 48기의 패트리어트 PAC-2 미사일을 PAC-3로 업그
레이드할 경우에 드는 추가 비용은 2조 원 정도이고, 3척의 이

---

54 http://38north.org/2012/04/tongchang041012/

지스함에 SM-3를 장착하는 비용도 2조 원 정도로 추산된다. 여기에 MD 체제의 눈과 귀 역할을 수행하는 정보 자산과 뇌의 역할을 하는 작전통제소 구비 비용에도 수천억 원대의 예산이 필요해진다. 아울러 무기체계의 수명을 20년 정도로 잡을 경우 운영유지비는 구매가의 3~4배 정도에 달한다는 점을 고려하면, 기본적인 MD 비용으로 20조 원 안팎은 족히 들어간다.

이처럼 비용은 엄청난 반면에 그 효과는 극히 불확실한 실정이다. 패트리어트 시스템의 경우 1차 걸프전 당시 PAC-2의 스커드 미사일 요격률은 제로에 가까웠고, 2003년 미영 연합군이 이라크에 침공했을 당시에는 요격할 스커드가 없었다. 오히려 미국과 영국 전투기 1기씩을 격추해 '아군 잡는 미사일'이라는 조롱에 시달려야 했다. 요격 실험 성적도 저조하다. 2000년부터 2005년까지 시험에서 PAC-3는 모두 13차례의 탄도미사일 요격 실험에서 6차례만 성공했다. 공 차는 방향을 알려주고 페널티킥을 하는데도 방어율이 이 정도라면, 미사일이 언제 어느 방향으로 날아올지 알 수 없는 실전에서의 요격률은 훨씬 떨어질 수밖에 없다. 이지스함을 이용한 MD도 문제점이 있기는 마찬가지이다. 미국 국방부가 1999년에 작성한 보고서에는 "한국의 경우 해상 MD로는 해안 시설을 보호하는 데 기여할 수 있으나, 내륙의 시설이나 인구 밀집 지역을 방어하는 데에는 도달하지 못한다"고 나와 있다.

MD 참여에 따른 자해적인 결과는 한반도와 동북아의 군비경쟁을 격화시킬 것이라는 데 있다. 미국은 MD가 적의 탄도미사일 가치를 떨어뜨려 적의 탄도미사일 개발 동기를 위축시킬 것이라고 주장해왔다. 그러나 현실은 정반대이다. 유럽 MD를 둘러싸고 갈등을 빚고 있는 러시아는 MD를 무력화시킬 수 있는 신형 미사일 개발·배치에 박차를 가하고 있고, 중동의 이란과 동북아의 북한 및 중국 역시 MD에 맞설 미사일 능력 강화에 나서고 있다. 이들 나라가 MD를 위협으로 간주하고 대응 전력 구축에 박차를 가하고 있는 데에는 세계에서 가장 강력한 공격력을 갖춘 미국과 그 동맹국들이 방패까지 갖는다면 전략적 균형이 와해될 것이라고 우려하기 때문이다. 실제로 미국은 MD가 자국의 군사적 자유를 보장하는 것이 가장 큰 전략적 이점이라고 말하고 있다.

정리하자면 MD는 '돈 먹는 하마'이자 '찢어진 우산'이며 '평화의 파괴자(peace killer)'이다. 대한민국 국익과 MD 참여가 양립할 수 없음은 물론이다.

Part.

8

'유사시'와 제주해군기지

한반도 유사시와
제주해군기지

─────────────

군대는 '유사시'에 대비해 존재한다. 제주해군기지 역시 만일의 사태에 대비해야 한다는 명분으로 추진되고 있다. 이와 관련해 떠올릴 수 있는 시나리오는 한반도 분쟁과 동아시아 분쟁이 있을 수 있다. 먼저 한반도 유사시와 제주해군기지와의 연관성을 살펴보자.

극도로 이념화된 한국 사회에서 제주해군기지 문제도 예외는 아니다. 해군기지가 북한과 가장 거리가 먼 제주도에 건설되고 있음에도 불구하고, 기지 건설을 반대하면 색깔론의 타깃이 되곤 한다. 북한이 해군기지 건설을 맹비난한 것 역시 색깔론을 돕고 있다. 북한의 비난은 제주해군기지 건설 비판·반대 진영을 '종북·좌파'로 매도하는 데 근거로 악용되기 때문이다. 4·11 총선을 앞두고 이명박 대통령까지 나서서 "북한이 지금 가장 반대하는 것이 제주해군기지와 한미 FTA"라고 말할 정도였다.

그렇다면 제주해군기지는 북한과 어떤 관계가 있을까? 일단 국방부는 해군기지 건설이 '북한의 도발을 억제'하는 데 필요하다고 주장한다. 기지를 건설하면 '북한 잠수함(정)과 특수전 부대의 동서해 우회 침투를 차단'할 수 있다는 것이다. 남한은 북한과 군사적으로 대치하고 있고, 남한 군 당국은 북한을 '직접적 위협'으로 간주하고 있다. 이러한 현실을 반영해 국방부는 제주해군기지가 북한의 위협 억제에 도움이 된다는 논리를 펴 해군기지 건설의 명분을 확보하려고 한다.

그러나 이러한 주장에는 여러 가지 무리가 따른다. 우선 북한 해군의 수상함은 대부분 1천 톤 미만이기 때문에 남해를 거쳐 동해와 서해를 오갈 수 있는 장기간의 작전수행 능력이 턱없이 부족하다. 잠수함(정)이나 특수전 부대 역시 연안 침투 능력 수준을 벗어나지 못하고 있다. 만일 북한 해군이 동·서해 우회 침투를 시도하더라도, 평택–목포–진해–부산–동해로 이어지는 남한 해군의 함대 사령부 및 한미연합군의 탐지·추적·차단 능력을 돌파하기란 불가능에 가깝다.

이와 관련해 야5당 진상보고서는 "북한 도발의 방향과 정반대의 가장 먼 거리에 해군기지를 건설"하고 있다는 점을 지적하면서 "북한의 직접적 위협으로부터는 해군 스스로 얘기하는 해군기지 위치 선정의 원칙인 지리적 인접성과 배치되는 측면이 있다"고 지적했다.[55] 야당이니까 이런 비판을 할 수 있다고 생각

---

55 야5당 제주해군기지 진상조사단, 〈제주해군기지 조사보고서〉, 2011년 8월, 40쪽.

할 수 있다. 그런데 최고 국군통수권자인 이명박 대통령도 2012 년 3월 12일 언론사 간부들과의 대화에서 이렇게 말했다. "제주 기지가 북한을 대응하기 위해 하는 것은 아니다. 제주기지라고 하는 것은 소위 어떻게 보면 대양, 글로벌한 입장에서 안보 플러 스 경제라고 생각한다."

　　제주 인근 해역은 태평양에서 서해로 들어오는 입구이자 서해에서 서태평양으로 진출하는 출구에 해당된다. 그런데 남한 의 수도권과 북한의 평양, 그리고 중국의 대도시들이 서해를 내 해(內海)처럼 둘러싸고 있다. 이러한 이유 때문에 남북한과 중국 은 서해상의 안보를 국가 안보의 중추로 간주해왔고, 그만큼 군 사적으로도 민감한 지역이다. 실제로 한국전쟁 이후 남북한 사 이의 주요 교전은 서해에서 발생했다. 1999년, 2002년, 2009년 교전과 2010년 연평도 포격전은 바로 그것들이다. 또한 2010년 3월 천안함 침몰을 거치면서 미 해군은 핵추진 항공모함 '조지 워싱턴호'를 파견하고 중국이 이에 격렬히 반발하면서 실탄 사 격 훈련을 실시하기도 했다. 이에 따라 서해는 남북한 대결에 이 어 미중 패권경쟁 지역으로 전락하고 말았다.

　　위와 같은 제주 해역과 서해의 관계는 얼핏 제주해군기지 건설의 필요성을 부각시키는 요인으로 보일 수 있다. 그러나 서 해의 안보 불안을 키우게 되는 의도하지 않은 결과를 초래할 가 능성을 경계하지 않으면 안 된다. 만약 한국 해군이 결국 제주해군기지 건설을 강행해 이어도 초계 활동에 나서거나 미국이 이 기지를 기항지나 발진기지로 이용하면, 제주 남방 해역에서 한 중 간 무력 갈등이 벌어질 가능성이 대단히 높다. 그리고 북한 군부는 이러한 상황 발생을 북방한계선(NLL)을 무력화할 수 있는 호기로 간주할 가능성을 배제할 수 없다. 한중 해군이 남방 해역에서 대치하고 있는 상황을 틈타, 북한 어선 및 함정의 NLL 월선, 해안포와 지대함 미사일 시험 발사 등 서해상의 긴장을 크게 고조시키는 행동에 나설 가능성이 있다는 것이다. 이렇게 되면 한국은 제주 인근 해역에서는 중국과, 서해에서는 북한과 군사적으로 대결해야 할 상황에 직면할 수 있다.

이러한 상황은 한국에게 엄청난 부담으로 작용할 것이다. 우선 한국의 군사력 운용에 큰 차질이 불가피해진다. 제한된 전력으로 서해의 북한과 남방 해역의 중국을 동시에 상대하려고 할 경우 양쪽 모두에서 불리한 상황에 직면할 수 있다. 해군력의 부족을 공군력이나 미군에 의존하려고 할 경우 무력 충돌 및 확전의 위험성도 커지게 된다. 북한과의 군사적 대치도 해결하지 못한 상황에서, 세계 2위의 군사비 지출 국가이자 우리의 최대 무역 상대국이며 북한의 사실상 유일한 동맹국인 중국과 갈등의 소지를 키우면 안 되는 이유이다.

중국의 건설적인 역할을 기대하기 힘들어질 수 있다는 점도 빼놓을 수 없다. 중국은 2010년 11~12월 북한의 연평도 포격과 남한의 사격 훈련 강행으로 한반도 전쟁 위기가 크게 고조되었을 때, 북한에 특사를 파견해 자제를 촉구한 바 있다. 이는 중국의 한반도 정책의 제1순위가 남북한 무력 충돌 방지를 비롯한 한반도의 안정과 평화 유지에 있기 때문이다. 그런데 남방 해역에서 한중 간에 군사적 대치 상황이 발생하면 중국의 계산과 태도를 가늠하기 어려워진다. 오히려 한국과의 군사적 대치에서 유리한 고지를 점하기 위해 북한의 NLL 무력화 시도나 군사적 도발을 적극적으로 만류하지 않을 가능성이 있다. 일종의 이이제이(以夷制夷) 전법을 구사할 수 있다는 것이다.

제주해군기지 건설이 북한 위협 대처 차원에서 필요하다는 주장은 해상 미사일방어체제(MD) 구축의 맥락에서도 제기될 수 있다. 실제로 제주해군기지가 이지스함에 SM-3 미사일을 장착한 이지스탄도미사일방어체제(ABMD)의 중간기지로 이용되면 북한에게는 전략적으로 부담이 될 수 있다. 이명박 정부와 오바마 미 행정부가 밀실에서 논의해온 것처럼, 미국의 동아시아 핵심 군사기지들인 오키나와나 괌이 한미, 혹은 한-미-일 삼각동맹의 미사일 방어권에 포함되면, 북한의 대미 억제력은 약화될 수 있기 때문이다.

그렇다고 이것이 한국에게 전략적 이익으로 작용하는 것도 아니다. 앞서 설명한 것처럼, MD는 비용은 엄청나게 들어가는 반면에 그 성능은 신뢰하기 어렵다. 또한 북한은 억제력을 유지하기 위해 탄도미사일과 핵무기 능력을 강화해 한-미, 혹은 한-미-일의 MD에 맞설 것이다. 북한의 핵과 미사일 문제 해결이 한국 외교안보전략의 가장 중요한 과제라고 할 때, MD는 오히려 역효과만 초래할 뿐이다. 7장에서 자세히 살펴본 것처럼, 한-미-일 삼각 MD 구축은 동북아의 신냉전을 촉발할 것이라는 점에서 한국에게는 엄청난 전략적 위험이 뒤따른다.

제주해군기지는
중국 거부 전략의 돌파구?

한반도의 지정학적 특성 및 동맹 관계를 고려할 때, 한반도 유사시는 어떠한 형태로든 국제전으로 비화될 가능성이 있다. 이러한 상황 발생시 핵심적인 문제는 미국의 증원 전력과 중국의 거부 전략의 충돌 가능성이다. 그런데 제주 남방 해역은 미국에게는 서해로 진입하는 관문이지만 중국에게는 미국의 서해 진출을 차단할 저지선에 해당될 수 있다. 이러한 현상은 한반도 유사시에 대해 미국과 중국이 어떻게 판단하느냐에 따라 그 양상이 달라질 수 있다. 북한의 국지 도발이나 남침 시도로 발생하는 유사 상황에 대해서는 미중 양국의 전략도 수렴될 가능성이 높지만, 북한 급변사태 발생을 이유로 한미동맹이 북한에 개입하려고 할 경우에는 양국의 전략적 이익이 충돌하게 될 것이다. 제주해군기지 문제 역시 이러한 맥락에서 바라볼 필요가 있다.

이와 관련해 세종연구소의 정철호 연구원은 "중국이 '반접근/지역거부' 전략으로 구축한 핵잠수함과 항공모함 전력으로 북한의 전쟁 도발시 북한을 지원하기 위하여 서해상에서 한·미 연합군의 해상작전을 방해하고 기뢰 부설을 통하여 연합 해군 전력의 접근을 차단할 경우 해상작전 수행에 미치는 영향은 매우 심각할 것"이라고 지적한다. 그러면서 제주도에 해군기지는 물론이고 전략공군기지까지 만들어야 한다고 주장한다.[56]

제주해군기지를 명시적으로 언급하지 않았지만, 이명박 정부 일각에서도 이러한 시각은 발견된다. 일본이 이지스함을 서해에 배치하는 문제를 검토하자, 청와대 고위관계자는 "서해의 공해상에서 '항해의 자유'가 완벽히 보장되는 것이 우리의 안보 이익에 가장 부합된다"며, "북한 급변사태가 벌어지면 서해에 가장 많이 드나들 배는 미국의 군함"이라고 말했다. 그러면서 "일본이 추진 중인 이지스함의 서해 배치에 반대하지 않는다"고 말했다. 이를 두고 〈조선일보〉는 "유사시 일본 이지스함의 서해 배치를 문제 삼지 않기로 한 것은 한반도 급변사태 때 중국의 서해 통제 시도를 무력화시키고 한·미 군함의 서해 활동

---

56 정철호, 《미국과 중국의 동아시아 해양 전략과 한국의 해양 안보》, 세종연구소, 2012년 2월.

기회를 최대한 확보하려는 전략적 판단이 담겨 있다"는 분석을 내놓았다.[57]

이러한 전략적 계산에 따르면, 제주해군기지의 건설 필요성은 크게 부각된다. 한미동맹은 한반도 유사시 무력 통일까지 염두에 두고 있다. 이를 위해서는 평양으로 진출할 수 있는 서해 및 그 관문에 해당하는 남방 해역에서 '통항의 자유'와 제해권을 확보하는 것이 대단히 중요하다. 이에 따라 제주도에 해군기지를 건설해 한국 해군은 전략기동함대를 운용하고 미 해군은 이를 기항지나 중간 기지로 사용하며 여기에 일본 자위대까지 합세하면, 중국의 거부 전략에 맞설 수 있는 군사력을 구비할 수 있다고 판단할 수 있다.

이러한 생각의 저변에는 "강한 한-미-일의 군사협력체제가 구축되고 해양력을 중심으로 한 군사력 운용에 관한 협력이 증대될 경우에 중국은 이들 국가들에 대한 도전에 신중할 것이며, 이로써 3국의 대중국 견제력은 향상되어 충분한 억제가 가능할 것"이라는 기대가 깔려 있다.[58] 그러나 이는 한반도의 안보 환경을 철저하게 군사주의로 환원한 단세포적인 생각이다.

제주해군기지를 건설해 미국 증원 전력의 이동의 자유를 보장하고 한미연합군, 혹은 한-미-일 삼각동맹이 제해권을 확보

57 〈조선일보〉, 2012년 6월 4일.
58 정철호, 《미국과 중국의 동아시아 해양 전략과 한국의 해양 안보》, 세종연구소, 2012년 2월.

해야 한다는 논리는 북한의 남침 감행이나 그러한 징후가 농후할 때 비로소 정당화될 수 있다. 그러나 북한이 전면전을 감행하는 것은 자살 행위나 다름없다. 중국 역시 북한의 남침으로 인한 전쟁 발빌시 북한을 지원하지 않겠다는 입장을 분명히 하고 있다. 오히려 최근 부상하고 있는 한반도 전쟁 시나리오는 북한 급변사태 발생시 한미연합군을 투입해 무력 흡수통일을 달성하려는 계획에서 비롯되고 있는 실정이다. 이명박 정부의 대북 강경책과 한미동맹 강화, 그리고 한-미-일 삼각동맹 추진의 이면에도 흡수통일 전략이 똬리를 틀고 있다.

그런데 여기에서 따져봐야 할 문제가 한두 가지가 아니다. 우선 북한 급변사태시 한미연합군의 실제 투입 여부와 관계없이 한반도 전쟁 위기는 급속도록 높아지고 '코리아 디스카운트'가 팽배해지면서 한국 경제에도 직격탄이 될 수밖에 없다. 또한 북한은 한미연합군의 사소한 움직임도 공격 및 침략 징후로 간주할 것이고 이에 맞서 전시 태세를 갖춰나갈 것이다. 거꾸로 북한군의 전시 태세는 한미연합군에게 북한의 도발 징후로 해석될 수 있다. '핫라인'을 비롯한 제대로 된 의사소통 구조도 없는 상태에서 양측의 전시 태세 착수가 초래할 위험의 핵심에는 우발적 무력 충돌 및 확전이 도사리고 있다.

북한 급변사태 발생시 실제로 한미연합군이 일본의 후방 지원을 받아 북한에 들어간다면, 민족 공멸을 피하기는 더욱 어려워진다. 한-미-일 일각에서는 '평화적 흡수통일'을 기대하고 있는 것으로 보이지만, 최소한으로는 '국지전', 현실적으로는 '전면전', 상황에 따라서는 '핵전쟁'과 '국제전'에 맞닥뜨릴 공산이 대단히 크기 때문이다. 《2010년 국방백서》에 따르면, 북한은 정규군과 예비군을 합쳐 약 890만 명이 전투 능력을 보유하고 있다. 영토는 수천 개의 지하터널로 요새화되어 있고 영토의 약 80%는 산악지형이다. 이러한 현실을 망각하고 한미연합군이 투입된다면, 한반도는 그야말로 피비린내 나는 '장기전'을 치를 수밖에 없다. 북한의 장사정포 및 탄도미사일, 잠수함(정) 및 특수부대의 능력을 고려할 때, 전선이 한반도 전체와 동북아로 확대되는 것도 시간문제가 될 것이다.

'핵전쟁'으로 비화될 가능성이 있다는 것도 한반도의 냉엄한 현실이다. 이미 5~10개의 핵무기를 보유한 것으로 알려진 북한이 한미연합군의 공격에 대한 보복으로 핵 사용에 나설 가능성도 배제할 수 없다. 이와 관련해 미국 국가정보위원회 국장인 존 맥코넬은 2008년 2월 "북한이 정권의 붕괴를 가져올 수 있는 군사적 패배에 직면하거나 급변사태가 발생하지 않으면 핵무기를 사용하지 않을 것으로 본다"고 말했다. 뒤집어 말하면, 북한의 급변사태 발생시 한미연합군이 무력 흡수통일을 시도하면 북한이 핵무기를 사용할 가능성이 높다는 의미이다. 만약 북한이 핵무기를 사용한다면, 한국에게 핵우산을 공약한 미국도 핵 보복에 나설 가능성이 있다. 북한 급변사태 발생과 한미연합군의(상황에 따라서는 자위대까지) 개입에 따라 그 가능성을 배제할 수 없는 '공멸의 시나리오'이다.

한국전쟁 때처럼 중국의 개입으로 '국제전'으로 비화될 가능성도 얼마든지 있다. 북한과 '상호우호조약'을 맺고 있는 중국은 북한 남침시 이를 지원하려고 하지 않겠지만, 북한이 공격받을 경우 돕겠다는 입장을 갖고 있는 것으로 알려져 있다. 가능성이 높고 낮음을 떠나 이러한 상황이 발생하면, 한반도는 남북한의 전쟁과 미-중 두 강대국 간의 무력 충돌이 맞물리게 된다. 특히 미일동맹과 중국은 전선을 한반도 '안'으로 한정하려고 할 것이기 때문에, 주변 국가의 영토는 무사하거나 괴멸적인 피해를 입지 않겠지만 한반도는 또다시 초토화되고 말 것이다.

한국 보수파의 기대처럼, 북한 급변사태 발생시 미국이 대규모 군사지원에 나설지의 여부도 불확실하다. 미국이 한국 및 일본과 함께 북한 급변사태 대비를 강구하고 있는 것은 틀림없다. 그런데 동시에 대규모의 미군을 투입할 의사가 없다는 점도 분명히 하고 있다. 북한의 핵무기 등 대량살상무기(WMD) 확보·탈취·파괴·유출 차단 등 제한적인 임무만 맡고 엄청난 인적·물적 피해가 불가피한 안정화 작전은 한국이 알아서 하라는 것이다.

혹시 있을 수도 있는 북한 급변사태에 대한 외교적 대비나 북한의 군사적 도발 억제, 그리고 평화적 통일 실현 등 한국의 사활적인 이익을 달성하기 위해서는 중국과 전략적 신뢰 관계를 구축하는 것이 대단히 중요하다. 그런데 제주해군기지 건설은 한국에 대한 중국의 전략적 불신을 가중시킨다. 중국을 겨냥한 한미동맹 강화와 한-미-일 삼각동맹 추구, 그리고 이와 무관할 수 없는 제주해군기지 건설을 강행하면서 중국으로 하여금 북한에게 핵과 미사일을 포기하라고 압력을 행사하거나 북한 급변사태 발생시 평화적 흡수통일을 지지할 것이라고 기대하는 것은 '연목구어(緣木求魚)'와 같은 일이다.

제주해군기지 건설이, 한국 안보 문제의 근원적 해결책이자 국익의 '블루오션'이라고 할 수 있는 평화적 통일을 더욱 어렵게 할 것이라는 점도 간과해서는 안 된다. 한반도의 휴전선을 남북한의 분단선이자 동아시아의 세력 균형선이라고 할 때, 평화적 통일은 이 두 가지 선을 모두 거둬낼 수 있는 전략이 있을 때 비로소 가능해진다. 그런데 제주해군기지는 동아시아 군비경쟁과 신냉전을 격화시킬 소지가 크다. 이와 관련해 이삼성 한림대 교수의 지적을 유념할 필요가 있다. "동아시아 대분단 체제의 군사적 전초기지 대열에 제주도를 합류시킴으로써 동아시아 대분단 체제가 더욱 촘촘해지는 상황을 촉진할 것이다. 한반도의 평화적 통일의 공간도, 동아시아 평화에 대한 한국인의 상상력도 대분단의 고리 속에 갇혀 표류할 가능성이 더 높아질 것이다."[59]

동아시아 유사시와
제주해군기지

────────────

동아시아 해양 패권을 둘러싸고 미국과 중국의 패권경쟁이 가속화되고, 중국과 주변국들의 영유권 분쟁 역시 격화되면서 무력충돌의 우려도 커지고 있다. 2011년 6월 싱가포르에서 열린 제10차 아시아 연례안보회의(상그릴라 대화)에서 로버트 게이츠 국방장관이 "난사 군도 영유권을 둘러싸고 중국·필리핀·베트남의 영유권 분쟁이 고조되고 있으며, 남중국해에서 선박 운행의 자유를 지키는 것은 미국의 국익에 부합된다"며, 이 문제로 인해 자칫 "충돌이 발생할 수 있다"고 공개적으로 경고했을 정도이다.

　　한반도 이외에 동아시아에서 무력 충돌 가능성이 거론되는 지역으로는 중국과 필리핀이 갈등하고 있는 남중국해의 황옌다오(필리핀명 스카보로섬), 중국·필리핀·베트남의 영유권 분쟁 지역인 남중국해의 난사 군도(스프래틀리 군도), 그리고 중국과 일본이 팽팽히 맞서고 있는 있는 동중국해의 센카쿠 열도(댜오위다오) 등이다. 중국과 대만 관계가 개선되면서 동아시아 전쟁의 가장 위험한 시나리오 가운데 하나로 거론되었던 양안 사태의 가능성이 상대적으로 낮아진 것이 그마나 다행이다.

────────

59 이삼성, '스스로 함정을 파는 군사기지', 《한겨레21》, 2011년, 8월 8일(제872호).

그런데 제주해군기지는 남중국해-대만해협-동중국해-서해로 이어지는 미중 간 '갈등의 바다'의 전략적 요충지에 건설되고 있다. 미국이 필요에 따라 제주해군기지를 기항지로 사용할 수 있기 때문에, 이 기지가 건설될 경우 한국도 동아시아 분쟁에 휘말릴 가능성은 높아질 수밖에 없다. 이미 미국은 노무현 정부 때 전략적 유연성에 합의해 주한미군이 동북아 분쟁에 개입할 수 있는 제도적 장치를 마련했다고 믿고 있다.

더욱 주목할 것은 한미 전략동맹을 추구한 이명박 정부가 미국과 합의한 내용이다. 2012년 6월 채택된 한미 외교/국방장관(2+2) 회담 공동성명에는 '해양 안보와 항해의 자유'를 한-미-일 3자 안보 협력 대상으로 명시했다. 또한 "한국과 미국은 남중국해의 평화, 안정 및 안보 증진을 위한 ASEAN-중국 간 당사국 행동 규약의 중요성을 강조"했다. 이러한 합의를 주목해야 하는 이유는 미국이 이를 근거로 동아시아 유사시 한국의 지지와 지원을 요구할 수 있기 때문이다.

해양 안보와 항해의 자유는 미국이 동아시아 영토 분쟁에 개입하면서 내세우고 있는 핵심적인 명분이다. 또한 ASEAN-중국 간 행동 규약 역시 미국의 요구 사항이다. 문제는 이에 대해 중국이 강력히 반발하고 있다는 점이다. 중국은 국제안보협력 4대 원칙을 밝혔는데, ▲상대국 핵심 이익과 주요 관심사에 대한 주의 ▲상대국 전략 의도에 대한 포괄적 이해 제3국과의 대립을 위한 동맹 금지 ▲세계 각국의 아시아 안보 기여 환영 등이 바로 그것들이다. 여기서 관심을 끄는 부분은 '핵심 이익과 주요 관심사에 대한 주의' 및 '제3국과의 대립을 위한 동맹 금지'이다. 중국이 이런 원칙을 강조한 데에는 미국이 남중국해, 동중국해, 센카쿠 열도, 대만해협, 서해 등 중국의 입장을 존중하지 않고, 한국 및 일본에 이어 베트남, 필리핀 등과 군사 동맹 및 협력을 강화하려는 움직임에 대한 강한 경계심이 반영돼 있다. 중국이 최근 미국에게 동아시아 영토 분쟁에 개입하지 말라고 강력히 요구하고 있는 것이나, ASEAN 행동 규약 체결을 거부하고 있는 것도 이러한 맥락에서 나온 것이다.

최근 격화되고 있는 센카쿠 열도를 둘러싼 중일 갈등에서도 미국은 제3자가 아니다. 센카쿠 열도도 미일동맹의 적용 범위에 해당된다는 입장이기 때문이다. 더구나 미국은 오키나와 미군기지에 공중 급유를 받지 않고도 센카쿠 열도를 작전 반경에 두고 있는 오스프리 수직이착륙기를 배치했다. 또한 일본 남부에 중국의 군사적 움직임을 밀착 감시할 수 있는 X-밴드 레이더도 배치하기로 했다. 미국은 한편으로는 중국과 일본에게 자제를 촉구하면서, 다른 한편으로는 센카쿠 열도 분쟁을 미일동맹을 강화하고 오키나와 주민들의 반발을 무마하는 데 이용하고 있다. 중국이 미국의 의도에 근본적인 불신을 갖고 있는 까닭이다.

만약 동아시아 어디에선가 무력 충돌이 발생하고 미국이

여기에 개입하면서 제주해군기지를 기항지나 발진 기지로 이용될 경우 한국의 해양 수송로가 차단되거나 봉쇄당할 위험이 커지게 된다. 제3자인 한국이 중국과 무력 갈등을 빚고 있는 미국에게 군사 기지를 제공한다는 것은 한국이 중국에게 군사적 적대행위를 하는 것과 마찬가지이기 때문이다. 해양 수송로 보호를 위해 필요하다는 제주해군기지가 거꾸로 우리의 생명선을 위태롭게 할 수 있다는 우려는 이러한 맥락에서 나온다.

한국에게도 동아시아에서 무력 충돌이 발생하지 않는 것이 최선이다. 그러나 한반도 문제를 제외하곤 한국이 분쟁 방지를 위해 할 수 있는 일은 많지 않다. 따라서 유사 상황이 발생하면 한국으로선 중립을 선택하는 것이 국익을 지키는 길이다. 중립을 지키는 상황에서 중국이 한국에게 적대행위를 한다는 것은 상상하기 어렵다. 이를 위해서는 동아시아 무력 충돌에 한국이 휘말릴 수 있는 씨앗을 애초부터 키우지 않아야 한다. 노무현 정부 때 평택 미군기지 확장사업 및 이와 연동된 전략적 유연성에 반대한 이유도 바로 여기에 있었다. 제주해군기지는 평택 기지와 유사성과 차이점이 있다. 유사성은 그것이 건설되면 미중 패권경쟁에 한국이 휘말릴 우려를 키운다는 것이다. 차이점은 제주해군기지는 평택 기지처럼 미국의 압력에 의해 만들어지는 것이 아니라 한국의 주권적 판단에 따라 이뤄지는 것이고, 이에 따라 한국이 마음만 먹으면 백지화할 수 있다는 것이다.

Part.
9

'평화의 섬'을 위한 융합형 대안

포괄안보의 해법

앞선 글들에서 이어도 인근의 분쟁 수역화 우려, 미국 해군의 기항지나 중간기지로 활용될 가능성, 미국 주도의 미사일방어체제(MD) 및 한-미-일 삼각동맹에 편입이 가속화될 우려, 그리고 미국과 중국의 동아시아 해양 패권경쟁에 한국이 휘말릴 위험성 등을 들어 제주해군기지가 우리에게 국익을 증진하는 전략적 '자산'이 아니라 국익을 위협하는 전략적 '부담'이 될 공산이 크다고 지적한 바 있다. 이러한 우려는 이명박 정부 5년간 퇴행적인 대외정책으로 더욱 커졌고, 또한 해군기지 건설 강행시 차기 정권의 성격과 관계없이 지속될 가능성이 높다고도 주장했다.

물론 제주해군기지 건설에 따른 국가 안보적인 실익이 전무하다고는 할 수 없다. 무역으로 먹고사는 우리에게 해양 수송로 보호는 사활적인 이해관계가 걸려 있고, 만일의 사태에 대비해 해군력을 증강할 필요성을 전적으로 부인하기도 어렵다. 육·해·공 균형발전을 도모하고 주변국의 해군력 증강에 맞서 제주해군기지 건설이 필요하다고 생각할 수도 있다. 제주해군기지를 건설해 전략기동함대를 창설하면 10~20척의 대형 함정을 추가적으로 도입해 해군력을 크게 증강시킬 수 있는 것도 사실이다.

그럼에도 불구하고 제주해군기지 건설은 득보다 실이 훨씬 크다고 할 수 있다. 앞서 언급한 국가 안보상의 전략적인 위험과 함께, 절차적 민주성의 훼손, 천혜의 자연환경 및 마을 공동체 파괴, 건설비와 전력투자비를 합쳐 7조 원이 넘는 예산상의 부담, 해군기지 찬반 갈등 격화로 인한 사회적 비용, 한국의 국제적 이미지 타격 등을 종합적으로 고려할 때 그렇다. 또한 건국 이후로 남방 해역에 대한 군사적 위협이 존재하지 않았고, 해군기지 건설의 당초 취지 가운데 하나였던 말라카 해협 해적도 거의 소탕되었다는 현실도 고려해야 한다. 아울러 이미 한국이 GDP 대비로는 중국의 1.8배, 일본의 3배 가까이 군사비를 쓰고 있는 현실도 간과해서는 안 된다.

5년 넘게 이어져온 제주 강정마을의 비극과 사회적 갈등을 종식시킬 수 있느냐의 여부는 한국의 문제 해결 능력을 가늠해볼 수 있는 중요한 시험대이다. 그리고 다가오고 있는 대선은 합리적이고 현실적인 문제 해결의 기회가 될 수 있다. 해군기지 문제를 이념 대결이 아니라 정책 대안으로 접근한다면 말이다. 정책 대안의 핵심적인 목표는 남방 해역 안전 확보 등 국가 안보상의 필요를 충족시키면서 해군기지 건설 강행으로 제기되어온 여러 가지 문제를 해결하며 이를 전화위복의 계기로 삼아 더

나은 결과를 도출하는 데 두어야 한다. 이와 관련해 국가, 인간, 환경, 경제, 국제관계를 포함한 '포괄안보(comprehensive security)'는 제주해군기지 문제를 해결할 수 있는 대안적 개념이 될 수 있다.

구체적인 해법으로는 세 가지 대안을 융합하는 방법이 있다. 제주해군기지 건설을 백지화하는 대신에, 해군이 제주항과 화순항에 확장·신설될 예정인 해경 부두를 '기항지'로 이용하고, 강정마을은 세계 생명평화마을로 지정하며, 제주도를 세계 '평화의 섬'으로 지정한 취지를 살려 '동북아시아 평화군축 포럼'을 창설하는 것이다. 이러한 접근법은 국가 안보상의 필요를 충족시키면서도 파국으로 치닫는 제주해군기지 문제를 풀 수 있는 '윈-윈' 해법이자 포괄안보를 구현할 수 있는 기틀이라고 할 수 있다.

후술하겠지만, 제주해군기지 건설 대신에 해경 부두를 해군 기항지로 사용하면 해경과 해군에 대한 중복 투자를 해소하면서 둘 사이의 원활한 협조체계를 구축할 수 있다. 이를 통해 해양 수송로와 해저 자원 보호 등 경제 안보와 국가 안보에 크게 기여할 수 있다. 또한 강정마을을 세계 생명평화마을로 지정해 국제적인 평화의 성지로 육성하자는 주장은 인간 안보와 환경 안보를 지키면서도 생명평화의 가치와 국가 안보를 조화롭게 발전시킬 수 있는 유력한 방안이다. 아울러 동아시아의 전략적 요충지인 제주도를 군사화하기보다는 동아시아 국가들과 국민들의 소통과 교류와 협력의 중심지로 만들 수 있는 발상의 전환도 필요하다. 이는 '세계 평화의 섬'의 정신을 구현해 국제협력안보에 기여할 수 있는 유력한 방안이다 이러한 세 가지 대안을 융합하면 해군기지 문제로 인한 분열과 갈등을 딛고 포괄안보 정신을 바탕으로 화해와 통합을 이룰 수 있게 될 것이다.

해군 함정은
기항지로

2010년 12월 국토해양부는 국가관리항 계획을 발표하면서, 그 안에 포함된 화순항에, 남방 해역의 해상 안보와 치안 유지 강화를 목적으로 대형 선박이 정박할 수 있는 380m 규모의 해경 부두를 건설하기로 했다. 또한 제주항 동쪽에도 73m 규모의 대형 해경 부두를 2015년까지 짓기로 했다. 제주항에는 소규모의 해군 부대도 있다. 해군기지의 대안으로 이들 두 곳 가운데 하나, 혹은 둘 모두를 해군도 기항지로 사용하는 방안을 추진해보자는 주장은 이러한 계획에 바탕을 두고 있다. 이러한 방안에는 여러 가지 현실적인 장점들이 있다.

첫째, 초당적 합의 정신을 복원할 수 있다. 〈한겨레〉에 따르면, 제주해군기지 문제는 19대 국회에서 여야 간 정책적 이견 및 갈등 가능성이 가장 높은 의제로 나타났다. 다차원 척도 분석에서 −2.40(음수가 높을수록 정책 갈등의 가능성이 높다는 것을 의미)을 기록해 −1.40을 기록한 한미FTA 등 다른 현안에 비해 압도적인 1위를 나타낸 것이다.[60] 이는 4·11 총선을 거쳐 12·19 대선이 다가오면서 해군기지 문제의 정쟁화가 갈수록 격화되고 있다는 것을 보여준다.

그런데 제주해군기지는 처음부터 이념적 갈등이 심각한 사안은 아니었다. 2007년 12월 국회는 여야 합의로 관련 예산을 통과시키면서 부대조건으로 '민항 위주의 해군 기항지'를 제시했다. 그러나 실제 사업은 '민군복합 관광미항'이라는 이름을 달고 해군기지 사업으로 변질됐고, 이를 문제 삼은 국회는 2012년 예산을 대부분 삭감하기도 했다. 이러한 결정은 박근혜를 비롯한 당시 한나라당(현재는 새누리당) 의원 대다수도 동의했던 바이다. 이에 따라 '기항지' 정신을 살리는 것은 첨예한 정쟁의 대상으로 전락한 해군기지 문제를 풀 수 있는 유력한 접근법이다. 다만 내가 제안하고 있는 기항지와 국회가 부대조건으로 제시한 기항지는 다르다. 내 제안은 화순항과 제주항에 건설 중인 해경 부두를 해군 기항지로 사용하자는 것인 반면에, 국회의 부대조건은

---

60 〈한겨레〉, 2012년 7월 24일.

강정마을에 짓고 있는 '민군복합형 관광미항'을 당초 취지에 맞게 '민항 위주의 해군 기항지'로 건설해야 한다는 것이다. 이러한 입장은 대체로 민주통합당과 제주도청, 그리고 제주도 의회가 공유하고 있다.

그러나 민군복합형 관광미항의 현실성과 타당성을 검토해 볼 필요가 있다. 우선 현재 공사는 면적 14.9만 평(해군기지)과 1.2만 평(크루즈항), 예산 9,770억 원(해군기지)과 534억 원(크루즈항)에서도 알 수 있듯이 철저하게 해군기지 중심으로 설계·건설되고 있다. 이를 민항 위주의 해군 기항지로 바꾸기 위해서는 원점부터 다시 시작해야 한다. 또한 15만 톤의 크루즈 선박의 입항 등 대형 여객선의 수요가 있을지도 극히 회의적이다. 국내외 저가 항공이 활성화되고 있고, 제주의 다른 지역에 이미 여객선이 드나들고 있으며, 강정마을에 대규모의 관광객을 유치할 배후 시설이 크게 부족하기 때문이다. 또한 민항이든, 군항이든 해안에서 돌출되어 있는 강정마을은 항구로서 적합하지 않다. 무엇보다도 기항지가 당초 취지이자 목표라면 강정마을에 추가적으로 항구를 건설하지 않고 다른 지역의 해경 부두를 이용하는 것으로도 충분하다.

둘째, 이어도 등 남방 해역에서 분쟁이 발생하면 해군의 대기 및 상황 발생시 신속한 투입이 가능해져 해군의 요구를 일부 충족시킬 수 있다. 국방부는 해군기지 건설의 가장 큰 근거로

"해군 주력함대가 있는 부산에서 23시간을 가야 하는 이어도 해역까지 제주해군기지에서는 8시간 만에 도달할 수 있다"는 점을 들고 있다. 그런데 이어도 해역 출동 임무는 화순항과 제주항을 '기항지'로 이용하는 것으로도 충분히 할 수 있다. 오히려 화순항을 기항지로 사용하면 강정마을에서보다 1시간 정도 더 빨리 이어도에 도달할 수 있고, 제주항을 사용하더라도 10시간 정도 걸린다. 또한 이들 해경 부두의 규모를 볼 때, 독도함이나 KDX-3 등 초대형 함정은 어렵더라도 KDX-1(3천 톤급) 구축함은 정박할 수 있다.

한국 해군의 대형 함정들의 해상 작전 기간이 30일을 넘나든다는 점도 중요하다. 최대 함정인 독도함은 40일, KDX-3는 30일, 209급 및 214급 잠수함은 50일을 보급 없이도 버틸 수 있다. 이에 따라 이어도 등 남방 해역에서 군사 분쟁이 발생할 조짐이 보이다면, 3천 톤급 이하의 중소형 함정은 해경 부두에서 대기하고 대형 함정은 우리 영해나 공해에서 대기하다가 상황 발생시 신속히 투입할 수 있다.

셋째, 해군 기항지의 입지조건이 강정보다 화순항이 월등히 우수하다. 해군본부는 당초 화순항을 해군기지 후보지로 지정했다가 주민들의 반대로 무산되자 강정마을을 후보지로 결정한 바 있다. 그런데 기지 건설 부지인 강정마을의 구럼비 바위는 바다 쪽으로 돌출되어 있기 때문에 바람과 파도에 극히 취약하다. 〈뉴스타파〉가 2009년과 2010년 해군본부 보고서를 입수해 보도한 것에 따르면, 15만 톤의 크루즈 선박은 물론이고 대형 군함도 입출항에 큰 문제가 있는 것으로 밝혀졌다. 강한 바람과 조수간만의 차이로 민군복합항은 고사하고 군항으로서도 제 기능을 하기 어렵다는 점을 해군 스스로도 알고 있었던 것으로 확인됐다. 이를 뒷받침하듯 2012년 8월 태풍 볼라벤과 덴빈으로 인해 강정 앞바다에 임시 투하한 방파제 건설용 케이슨 7기 가운데 2기는 바다에 잠겼고, 2기는 반파됐으며, 나머지 3기도 물속으로 기울어져 있는 것으로 확인됐다.

이에 반해 화순항은 육지 쪽으로 들어가 있는 만(灣)이기 때문에 바람과 파도의 영향이 상대적으로 작다. 화순항이 일제 강점기에 군항으로 사용되었고 이후에도 제주 남쪽의 대표적인 항구로 발전해올 수 있었던 이유이다. 한 가지 단점으로 수심이 깊지 않아 상당한 준설이 필요한 것이 지적되었지만, 이는 정박하는 선박의 규모에 따라 달라질 수 있다. 해군이 15m 이상의 수심을 희망했던 이유는 10만 톤급 항공모함의 정박까지 염두에 두었기 때문이다. 이에 반해 화순항에 건설 중인 해경 부두는 3천 톤급 규모의 선박을 위해 설계되었기 때문에, 항공모함 정박에 필요한 15미터 이상의 수심을 요하지 않는다.

다만 화순항에 건설 예정인 해경 부두를 해군 기항지로 사용하기 위해서는 두 가지 전제가 필요하다. 하나는 사전에 주민들에게 해군 기항지의 취지를 설명하고 양해를 구할 필요가 있다. 필자가 2012년 6월과 8월 화순항을 찾아 복수의 주민들을 만나 물어본 결과, 해경 부두 건설에 대해 특별히 반대 움직임은 없다는 것을 확인할 수 있었다. 또 하나는 해경 부두의 해군 기항지 겸용을 추진한다고 해서 예정된 부두 규모를 늘리려고 해서는 안 된다는 것이다. 이는 화순항 일대의 환경 훼손을 최소화하고 주민들의 양해를 구하기 위해 반드시 유념해야 할 대목이다.

넷째, 남방 해역 보호를 위한 해경과 해군의 공조 체계를 강화할 수 있다. 정부가 내세우는 해군기지 건설의 핵심적인 목적은 남방 해역 안전, 탐색 구조, 해저 자원 및 해양 수송로 보호 등이다. 그런데 이는 해경의 임무와 정확히 일치한다. 해경 역시 이러한 임무를 위해 제주항 및 화순항에 해경 전용 부두를 만들고 제주지방해양경찰청을 신설해 대응 능력을 높이고 있다. 또한 2012년 6월에는 서귀포항에 최대 시속 80km, 최대 운항거리 3700km에 달하는 최신예 경비정 '대극 6호'를 취역시켰다. 아울러 2012년 9월 24일 제59주년 '해양경찰의 날'을 맞이해서는 3천 톤급 대형 경비함정인 '주작함'을 배치했는데, 이 함정의 임무는 제주 남방 해역 해상안전관리 및 재난구조이다. 이러한 점들을 종합해볼 때, 해경 부두를 해군 기항지로 겸용하는 방안은 임무의 중복 문제를 해소하고 해경과 해군의 원활할 협조 체계를 구축할 수 있다는 장점이 있다.

다섯째, 예산 절감 효과가 대단히 크다. 국방부는 해군기지 건설비 1조 원 이외에도 앞으로 10년간 6조5천억 원을 투입해 제주해군기지를 모항으로 사용하는 전략기동함대를 창설한다는 계획이다. 함대가 창설되면 연간 운영유지비도 수백억 원에 달한다. 반면 화순항 2단계 개발 사업비 전체가 488억 원인 것에서도 알 수 있듯이, 해경 부두 건설비 및 운영비는 해군기지보다 훨씬 적다. '해경 부두를 해군이 겸용하도록 하자'는 발상의 전환으로 6조 원 안팎의 혈세를 아낄 수 있는 셈이다. 또한 제주해군기지 건설을 취소하더라도 일부 구조물과 자재를 재활용하고 케이슨 공사장도 화순항에 있기 때문에, 이미 투입된 건설비의 일부도 회수할 수 있다.

끝으로 미국 핵 항공모함, 이지스함, 핵잠수함의 제주해군기지 이용 가능성을 원천적으로 해소함으로써, 한국이 해군기지 문제로 미중 간 갈등에 불필요하게 휘말릴 수 있는 위험성을 사전에 예방하는 효과가 있다. 해군기지가 만들어진 상황에서 미국이 사용하려고 하는데 한국이 막으면 한미동맹에 큰 문제가 발생한다. 반면 미국이 사용하게 되면 한중관계에 문제가 생긴다. 그런데 제주해군기지를 백지화하면 이러한 우려는 애초부터 할 필요가 없어지게 된다.

제주,
'세계 평화의 섬'을 위하여

───────────

해군기지 건설 강행으로 초래된 제주도의 '평화의 위기'는 제주도를 국제 평화의 중심지로 거듭나게 할 수 있는 전화위복의 기회를 잉태하고 있다. 강정마을 주민들과 활동가들이 평화적이고 비폭력적면서도 유쾌한 방식으로 저항운동을 하면서 많은 종교인·시민·학생들이 이에 동참하고 있고, 해외의 많은 단체와 저명한 인사들도 강정마을 주민들에게 연대와 지지의 뜻을 보내고 있다. 이미 강정마을은 세계 평화운동의 성지가 된 것이다.

이것은 강정마을을 국제 평화마을로, 제주도를 진정한 의미의 '세계 평화의 섬'으로 만들 수 있는 소중한 토대가 이미 만들어지고 있다는 것을 의미한다. 천혜의 자연환경과 생명평화의 가치가 어우러지는, 그래서 한국은 물론이고 아시아와 세계 평화에 이바지할 수 있는 인류 공동의 자산으로 만들 수 있는 길이 있다는 것이다. 국가나 제주도 차원에서 강정마을을 세계 생명평화마을로 지정해 국제적인 평화의 성지로 만들자는 주장은 이러한 현실과 잠재력에 바탕을 두고 있다. 구체적으로는 해군기지 건설 부지에 생태평화공원과 평화박물관을 조성하고 이미 맹아가 싹트고 있는 평화 NGO들이 자립할 수 있도록 지원하며 강정생명평화학교와 같은 대안학교를 만드는 방안을 강구할 수 있을 것이다.

아울러 제주도를 '세계 평화의 섬'을 지정한 정신을 되살릴 필요가 있다. 노무현 대통령은 2005년 1월 27일 제주도를 '세계 평화의 섬'으로 지정하면서 "대한민국 정부는 제주도가 삼무(三無)정신의 전통을 창조적으로 계승하고, 제주 4·3의 비극을 화해와 상생으로 승화시키며, 평화 정착을 위한 정상외교의 정신을 이어받아 세계 평화에 기여할 수 있도록" 하겠다고 다짐했다. 이를 위해 평화의 '창출' '확산' '정착'을 3대 목표로 삼아 국가 차원에서 이를 적극 지원하겠다는 약속도 했다. 그러나 "무장 없이는 평화를 지킬 수 없다"며 해군기지 건설도 추진하고 말았다. 이러한 '무장평화론'은 평화의 섬과 어울리지 않다며 거센 반발을 야기해왔다.

그런데 앞서 제시한 '기항지' 개념은 소모적인 논란에 종지부를 찍고 제주도를 진정한 의미의 평화의 섬으로 만들 수 있는 유력한 대안이다. 무장과 비무장을 '제로섬'의 관점에서 바라볼 것이 아니라, 군사력으로 상징되는 '하드파워'와 생명평화의 가치로 대표되는 '소프트 파워'를 융합해 '스마트 파워'를 창출할 수 있는 접근법이기 때문이다.

이를 뒷받침하기 위해서는 또 하나의 대안이 융합되어야 한다. 제주도를 소통과 협력의 중심지로 만들 수 있는 비전과 정책이 바로 그것이다. 구체적으로는 동북아시아 각국 정부 관료와 민간 전문가 및 NGO 대표가 참여하는 '동북아시아 평화군축 포럼'의 창설을 권고하고자 한다. 평화의 섬 지정 이후 매년 개최되고 잇는 '제주평화포럼'을 확대·내실화해 동북아시아 평화 문제, 특히 갈수록 그 중요성이 부각되고 있는 군사적 신뢰 구축과 군축 문제를 실질적으로 논의할 수 있는 장을 만들어보자는 것이다.

남북한 및 미-중-일-러 4개국이 맞닥뜨리고 있는 동북아 6개국은 전 세계 군사비 지출의 65%를 차지할 정도로 군사화되어 있다. 최근에는 미중 패권경쟁과 역내 영토 분쟁도 격화되고 있다. 동북아의 유일한 정부 간 대화인 6자회담은 북한의 핵 개발 지속과 한-미-일의 대북 강경책으로 산소마스크를 낀 신세로 전락한 지 오래이다. 또한 6자회담에서 합의한 동북아 평화안보체제는 미국의 6자회담 수석대표였던 크리스토퍼 힐이 말했던 것처럼 '아이디어의 공백' 상태에 있다. '동북아 평화군축 포럼'은 이러한 현실을 타개하고 동북아 평화의 '창출-확산-정착'으로 이어지는 세계 평화의 섬 취지와 목표를 살릴 수 있는 유력한 방안이다.

정부 관료와 민간 전문가와 NGO 대표 사이의 허심탄회한 대화는 그 자체로도 신뢰구축에 기여할 뿐만 아니라 6자회담의 미래에도 신선한 아이디어를 제공할 수 있다. 한국이 해양세력과 대륙 세력의 화해·협력을 촉진하는 가교 역할을 할 수도 있다. 무엇보다도 남중국해–대만해협–동중국해–서해로 이어지는 동아시아 갈등의 바다의 요충지인 제주도를 평화의 중심지로 만들 수 있다.

이제 제주해군기지 건설을 둘러싼 갈등을 극복하고 본격적으로 대안을 모색해야 할 시점이다. '해경 부두의 해군 기항지로의 겸용–강정마을을 세계 생명평화마을로 만들기–동북아시아 평화군축 포럼 창설'이 어우러지는 융합형 대안은 그 유력한 방안 가운데 하나가 될 수 있다고 확신한다.